C.H.BECK WISSEN

Die von der Beethoven-Deutung ausgehende Publizistik, die den Aufstieg der Sinfonie zur repräsentativen instrumentalmusikalischen Gattung des bürgerlichen Zeitalters begleitete, ließ das Publikum des 19. Jahrhunderts im Werkverlauf zunehmend eine Bedeutung, eine Idee, einen «Sinn» suchen. Bruckners Sinfonien sind ästhetische Sinnstiftungsversuche eines Komponisten, dessen tiefe Frömmigkeit, die ihn von der intellektuellen Elite des liberalen Wien auffallend unterschied, zwar eine biografische Tatsache ist. Ob sie aber einen Einfluss auf das Komponieren seiner Sinfonien ausgeübt hat, muss offenbleiben. – Dies ist nur eine der vielen Fragen, denen Hans-Joachim Hinrichsen in seiner kleinen, aber ungemein informativen und luziden Einführung in das sinfonische Schaffen Bruckners nachgeht und dabei jede Sinfonie des Meisters der Romantik in ihrer Entstehung und ihren kompositorischen Besonderheiten vorstellt.

Hans-Joachim Hinrichsen lehrt als Ordinarius für Musikwissenschaft an der Universität Zürich. In der Reihe C.H.Beck Wissen ist von demselben Autor lieferbar: *Franz Schubert* ([2]2014).

Siegfried Mauser – Rektor des Mozarteums Salzburg und Direktor der Abteilung Musik der Bayerischen Akademie der Schönen Künste – hat 1998 die Reihe der *Musikalischen Werkführer* im Verlag C.H.Beck gegründet und gibt sie bis heute heraus. In dieser Reihe, deren Themenspektrum von *Bachs Konzerten* bis zu *Andrew Lloyd Webbers Musicals* reicht, erschließen renommierte Vertreterinnen und Vertreter der Musikwissenschaft in konzisen Darstellungen kompetent und anregend bedeutende Werkgruppen im Œuvre großer Komponisten.

Hans-Joachim Hinrichsen

BRUCKNERS SINFONIEN

Ein musikalischer Werkführer

Verlag C.H.Beck

Erich W. Partsch in memoriam

Dank

Für die kritische Lektüre des Manuskripts bin ich Iris Eggenschwiler, Dominique Ehrenbaum und Felix Michel (Zürich) zu herzlichem Dank verpflichtet. Wertvolle Hilfestellung und Auskünfte verdanke ich Andrea Harrandt, Uwe Harten und Thomas Leibnitz (Wien). Für das sorgfältige und konstruktive Lektorat gebührt Stefan von der Lahr und Andrea Morgan (München) ein großer Dank.

Völlig überraschend ist mein guter Freund Erich Wolfgang Partsch, Mitarbeiter der Wiener Bruckner-Arbeitsstelle der Österreichischen Akademie der Wissenschaften, im Dezember 2014 verstorben. Es schmerzt mich, dass er den Abschluss des vorliegenden Buchs, an dem er so viel Anteil nahm, nicht mehr erleben kann. Seinem Andenken sei diese kleine Publikation gewidmet.

Mit zwei Abbildungen auf den Umschlaginnenseiten

Originalausgabe
© Verlag C.H.Beck oHG, München 2016
Gesamtherstellung: Druckerei C.H.Beck, Nördlingen
Reihengestaltung: Uwe Göbel, München
Umschlagmotiv: Anton Bruckner (verfremdet), © ullstein-bild/Imagno
Printed in Germany
ISBN 978 3 406 68808 9

www.chbeck.de

Inhalt

I. Einführung

Das 19. Jahrhundert und die Sinfonie

Anton Bruckner (1824–1896) hat im letzten Drittel des 19. Jahrhunderts neun Sinfonien komponiert, die aus dem heutigen Musikleben nicht mehr fortzudenken sind. Sie stellen den Hauptgegenstand seines reifen Schaffens dar, für ihn offenbar sogar den einzig wesentlichen: In seiner Selbstwahrnehmung war Bruckner, wie er unter bemerkenswerter Aussparung seiner bedeutenden geistlichen und weltlichen Chorwerke am Ende seines Lebens formulierte, «doch nur ausschließlich *Symphoniker*» (Briefe 2, 354). Für die Einschätzung seiner eigenen Epoche ist dieses Selbstverständnis aufschlussreich. Im Laufe des 19. Jahrhunderts ist die Sinfonie im deutschen Sprachraum zum Inbegriff repräsentativer Instrumentalmusik geworden. Sinfonien wurden für die spätestens um 1900 in jeder größeren Stadt vorhandenen Konzertsäle und Orchester gebraucht. Aber sie waren keineswegs die einzige musikalische Gattung, die für die kulturelle Identitätsbildung des Bürgertums eine wichtige Funktion erfüllte. Einen weiteren festen Platz im Repertoire beanspruchten, institutionell getragen von den fast überall existierenden Singvereinen, «chorsinfonische» Werke unterschiedlichster Provenienz und Zweckbestimmung: das Oratorium ebenso wie die Chorballade, die weltliche Kantate ebenso wie nicht-liturgische Vokalwerke auf der Grundlage geistlicher oder religiöser Texte. Dieses für das Musikleben des 19. Jahrhunderts unverzichtbare chorsinfonische Repertoire setzt eine Traditionslinie fort, die auf dem Kontinent im späten 18. Jahrhundert mit der Rezeption der Händel-Oratorien begonnen und um die Mitte des 19. Jahrhunderts selbst liturgisch intendierte Werke wie die großen Bach-Passionen integriert hatte. Ihm gehören daher auch Haydns oder Mendelssohns Oratorien, Beethovens *Missa solemnis* oder das *Deutsche Requiem* von Johannes Brahms zu.

Wenn man erkennt, wie durchlässig die Grenze zwischen Kirche und Konzertsaal im Laufe des Jahrhunderts wurde, begreift man auch, warum eine säkulare Gattung wie die Sinfonie zum Gegenstand einer ausgesprochen kunstreligiösen Rezeption werden konnte.

Als eigentlicher Schöpfer der modernen Sinfonie kann Joseph Haydn gelten, der die Gattung zwar nicht erfunden hat, sie aber im Experimentallabor seiner höfischen Anstellung im eigentlichen Sinne erst formte und in ganz Europa zu Berühmtheit brachte. Aus ihrem ursprünglich höfischen Kontext emanzipierte sich Haydns Sinfonik in dem Moment, in dem die späten Werke gezielt für den Konzertbetrieb europäischer Hauptstädte wie Paris oder London geschrieben wurden, während das buchstäblich naheliegende Wien entsprechende Strukturen erst im Laufe des 19. Jahrhunderts auszubilden begann. Haydn hat daher nach seiner Rückkehr aus London keine Sinfonien mehr komponiert, sondern um 1800 erfolgreich auf die an Händel orientierte Gattung des Oratoriums gesetzt. Mit Sinfonie und Oratorium waren die Weichen für die beiden Hauptgenres des späteren Konzertlebens gestellt. Es ist daher auch kein Zufall, dass in der 1824 uraufgeführten letzten Sinfonie von Beethoven sich schließlich beide Gattungen kreuzen. Mehr aber als mit der Idee eines Chorfinales prägte Beethoven die meisten späteren Komponisten durch ein sinfonisches Konzept, das die Sinfonie einer rein instrumentalmusikalisch gedachten Dramaturgie unterwarf. Diese wurde im 19. Jahrhundert in wirksamer Verkürzung auf ein aus seiner Fünften und Neunten extrahiertes Modell festgelegt, das sich mit den dramatischen Vorstellungen von Kampf und Sieg oder dem narrativen Konzept von Leiden und Überwindung verknüpfen ließ. Die Verläufe dieser beiden Gattungsklassiker, die aus ihren Moll-Tonarten heraus (c-Moll in der Fünften, d-Moll in der Neunten) jeweils erst mit dem Finalsatz triumphal in die Dur-Variante der Tonika münden, gaben der für das 19. Jahrhundert so attraktiven Deutungsidee des *per aspera ad astra*, des Wegs aus der Nacht ans Licht, ihr eigentliches Fundament. Mit Beethoven war, so jedenfalls die geläufige Sichtweise, die Krönung eines ganzen Werkverlaufs mit einem geradezu apotheotischen Finale als kompositorisches Problem verbindlich gesetzt. So ließen sowohl die wachsende Einsicht in die unüberbietbare technische Faktur der Beethoven-Sinfonien als auch die ästhetische Diskussion um ihren vorgeblichen ideellen Gehalt den Erwartungsdruck auf die Komponisten steigen.

Angesichts der weit ins 20. Jahrhundert reichenden Erfolgsgeschichte der Sinfonie wirkt es fast befremdlich, dass bereits um die Mitte des 19. Jahrhunderts mit großem publizistischem Echo ihr Ende verkündet wurde. Richard Wagner zog, nicht zuletzt zur Legitimation des eigenen Schaffens, aus der Krönung von Beethovens Neunter Sinfonie mit dem großen Chorfinale den eigenwilligen geschichtsphilosophischen Schluss, dass damit die rein instrumentale Sinfonie an ihr Ziel gelangt sei. Das produktive Erbe Beethovens sei nun, so Wagner, mit dem sinfonisch konzipierten Musikdrama anzutreten. Zur selben Zeit ersann Franz Liszt, um die Berechtigung sinfonischer Instrumentalmusik nicht preisgeben zu müssen, das Konzept der an Beethovens Sinfonien und Mendelssohns Konzertouvertüren anknüpfenden «Sinfonischen Dichtung», womit er für die zweite Hälfte des Jahrhunderts ein geschichtsmächtiges Alternativmodell sinfonischer Programmusik ins Spiel brachte. Aus der Perspektive Wagners, Liszts und ihrer Anhänger konnte das Festhalten an der althergebrachten Gattung der viersätzigen Sinfonie rasch als ästhetischer Anachronismus verdächtigt werden. Nicht zufällig entspann sich der Diskurs zwischen Verächtern und Verteidigern der Sinfonie unmittelbar nach der Mitte des Jahrhunderts, als die wichtigsten Vertreter der sinfonischen Beethoven-Nachfolge (Schubert, Mendelssohn, Schumann) verstorben waren und eine ästhetisch gewichtige Fortsetzung der Gattungstradition nicht in Sicht schien.

Ein häufig missverstandenes historiographisches Konzept hat daher rückblickend dem 19. Jahrhundert zwei durch ein Vierteljahrhundert voneinander getrennte «Zeitalter der Symphonie» zugeschrieben. Carl Dahlhaus, der es vorbrachte, wollte damit freilich nicht die empirisch leicht zu widerlegende Behauptung wagen, zwischen der direkt auf Beethoven folgenden Sinfonik etwa Schuberts, Mendelssohns und Schumanns einerseits und den sinfonischen Erstlingen eines Bruckner oder Brahms andererseits habe die Gattung völlig brachgelegen. Gemeint ist lediglich, dass aus der Retrospektive des 20. Jahrhunderts zwischen Schumanns letzter Sinfonie (1853) und den öffentlichen Uraufführungen der Ersten von Brahms sowie der Dritten von Bruckner (1876/77) keine Sinfonien von überdauerndem Rang geschrieben worden seien. Für das sinfonische Komponieren der Bruckner-Brahms-Generation dürfte die Orientierung an Beethoven so selbstverständlich wie belastend gewesen sein. Für Brahms etwa liegt sie geradezu auf der Hand: Seine bereits in jungen Jahren begonnene Erste sucht die einschlägig vorbelastete Beethoven-Tonart c-Moll offen auf (statt sie ängstlich zu umgehen), und es ist bekannt, dass die langwierige Entstehungsgeschichte der Sinfonie tatsächlich dem Ringen um die Konzeption eines wie in Beethovens Fünfter in die Apotheose von C-Dur mündenden Finalsatzes geschuldet ist. Ob dies für Bruckner genauso gilt, der mit seiner Ersten – ebenfalls in c-Moll beginnend und nach C-Dur führend – den perfekten Parallelfall zu liefern scheint, wird an Ort und Stelle zu erörtern sein. Dass sich sein Schicksal als Sinfoniker allerdings so eng mit demjenigen seines großen Wiener Kollegen und Antipoden verknüpfen sollte, konnte er selbst nicht absehen. Als Bruckner 1868 nach Wien kam, war Brahms noch kein Sinfoniker (und er wurde es auch nie in der Ausschließlichkeit, die Bruckner für sich selbst in Anspruch nahm).

Die Gattungsgeschichte der Sinfonie erlebte also in der Tat im späten 19. Jahrhundert einen Höhepunkt, und sie setzte sich trotz aller Unkenrufe im 20. Jahrhundert ungebrochen fort. In dieser Gattungsgeschichte beansprucht Bruckner einen festen Platz. Anders jedoch als der Universalist Brahms (und anders als die Universalisten der früheren Generationen: Haydn, Mozart, Beethoven, Schubert, Mendelssohn, Schumann) konzentrierte er, wie bereits angedeutet, sein Schaffen mit geradezu befremdlich anmutender Ausschließlichkeit auf zwei Bereiche: Kirchenmusik und Sinfonik. Alle anderen Gattungen sind in seinem Werkkatalog demgegenüber nur marginal vertreten; lediglich mit dem *Te Deum*, dem *150. Psalm* und dem Chorwerk

Helgoland stellte er seinen Sinfonien noch drei gewichtige, ebenfalls für den Konzertsaal bestimmte vokale Spätwerke zur Seite. Auf den ersten Blick ähnelt Bruckner darin dem anderen großen Sinfoniker des ausgehenden 19. Jahrhunderts, der einer seiner jugendlichen Verehrer war und mit dem er oft verglichen wird: Gustav Mahler. Auch dieser pflegte in ähnlicher Ausschließlichkeit zwei ebenfalls sehr heterogene Gattungen: das Lied und die Sinfonie. Anders aber als bei Mahler, der beide Bereiche kontinuierlich parallel entwickelte und sie am Ende seiner Laufbahn sogar paradox zusammenführte (das ausdrücklich so genannte «Lied von der Erde» ist nichts anderes als eine große vokale Sinfonie), liegt bei Bruckner keine simultane, sondern eine sukzessive Entwicklung vor. Die systematische Pflege der Kirchenmusik ist von der exklusiven Beschäftigung mit der Sinfonie durch eine fast abrupt zu nennende Zäsur getrennt. Bruckner war bei diesem Übergang fast 40 Jahre alt, also längst kein Anfänger mehr. Zudem fiel, nicht weniger bemerkenswert, dieser wohl wichtigste Einschnitt in Bruckners Leben mit dem Wohnortwechsel von der Provinz in die Metropole zusammen, also mit der Lösung seiner Profession aus der Bindung an die Kirche. Sein Weg zur Sinfonie ist zugleich sein Weg von Linz nach Wien, und seine Entscheidung für die Sinfonie ist ein Bekenntnis zu den kulturellen Institutionen einer Selbstorganisation des Bürgertums. Als Bruckner sich der kompositorischen Beherrschung der Sinfonie sicher war, setzte er sie einem Perfektionsdrang aus, der seine Gattungsbeiträge als ein konsequent verfolgtes Kompositionsprojekt erkennen lässt. Dessen über elf Werke ausgespannte Erscheinungsvielfalt ist eingebettet in ein schlüssiges sinfonisches Gesamtkonzept.

Bruckners langer Weg zur Sinfonie

Bruckner hat seinen langen Marsch auf den Parnass der Sinfonie mit Zielstrebigkeit verfolgt, aber als ein schnurgerader Weg konnte er erst im Rückblick endlich eingetretener Erfolge erscheinen. Die Behauptung in einem seiner späten Briefe, im Komponieren von Sinfonien habe «stets mein Lebensberuf» bestanden (Briefe 2, 153), unterschlägt, dass diese Stetigkeit erst in einem Alter einsetzte, das von Komponisten wie Mozart oder Schubert nicht einmal erreicht worden ist. Doch wusste Bruckner sich am Ende voller Stolz an einem Ziel, das er gegen alle Rückschläge und Anfeindungen nie aus dem Auge verloren hatte. Der zitierte Brief ist durch das ersehnte und im November 1891 tatsächlich verliehene Ehrendoktorat der Wiener Universität veranlasst, auf dessen Diplom Bruckner ausdrücklich «als *Symphoniker*» gewürdigt werden wollte.

Keineswegs war das in Bruckners Jugend voraussehbar gewesen. Er durchlief nicht die übliche Entwicklung zum hauptberuflichen Musiker, sondern absolvierte die Ausbildung an der Orgel ebenso wie die Ausübung des Kompositionshandwerks zunächst nur als die damals selbstverständlichen Voraussetzungen für den in den Fußstapfen des Vaters angestrebten Lehrerberuf. In den kleinen Provinzgemeinden war man Volksschullehrer und Kirchenmusiker in Personalunion, und da die Schulaufsicht in Österreich vor der Aufkündigung des Konkordats der Kirche unterstand, wird dem jungen Bruckner die Scheidung säkularer und kirchlicher Dimensionen seiner Ausbildung nicht einmal zu Bewusstsein gekommen sein.

Aus dem oberösterreichischen Schullehrermilieu stammend, gelangte der am 4. September 1824 in Ansfelden bei Linz geborene Anton Bruckner 1837 als Sängerknabe an das Augustiner-Chorherrenstift St. Florian und absolvierte 1840/41 die zehnmonatige Präparandenausbildung zum Schulgehilfen in der Provinzhauptstadt Linz. Nach mehreren Anstellungen als Schulgehilfe in seiner Heimatregion und der Ablegung der Lehrerprüfung beim bischöflichen Konsistorium in Linz kehrte er 1845 schließlich als Schulgehilfe an das Stift St. Florian zurück, wo ihm schon bald zusätzlich auch das Amt des Stiftsorganisten anvertraut wurde. In dieser Phase setzte das Komponieren liturgischer Gebrauchsmusik ein, die ihren Dimensionen nach über das früher in der Schule Erforderte bereits hinausging. Bruckner hatte das Glück, mit dem Chorherrenstift St. Florian eines jener österreichischen Zentren klösterlicher Bildung anzutreffen, die über einen weiten geistigen und kulturellen Horizont verfügten.

Der Provinzialität war Bruckner also spätestens mit Anfang 20 entronnen, und in der Tat fand der hochbegabte und ehrgeizige junge Mann in St. Florian aufmerksame Förderer, die auch beratend hinter den folgenden Lebens- und Berufsentscheidungen gestanden haben dürften. Jedenfalls bewarb sich Bruckner 1855 erfolgreich um die Organistenstelle an der Linzer Stadtpfarrkirche, der, direkt nach seinem Umzug nach Linz, 1856 auch die Anstellung als Domorganist folgte. Um dieselbe Zeit begann Bruckner ein intensives Fernstudium in Satzlehre und Kontrapunkt bei der damals für diese Fächer berühmtesten Wiener Autorität, Simon Sechter, bei dem Jahrzehnte zuvor schon Franz Schubert um Unterricht nachgesucht hatte. Dieser bemerkenswerte Entschluss, der ihm bis 1861 die Mühe exzessiver nächtlicher Hausarbeit und vieler Reisen zwischen Linz und Wien abverlangte, lässt die Idee erkennen, die handwerklichen Fundamente des eigenen Schaffens von Grund auf zu systematisieren. Zusätzlich zu seinem Organistenamt trat Bruckner 1856 der Linzer Liedertafel «Frohsinn» bei, die er vom Herbst 1860 an schließlich als Erster Chormeister auch leitete – eine planvolle Verbreiterung der professionellen Basis, indem zu dem kirchlichen Amt auch noch die Selbstintegration in die für das 19. Jahrhundert so charakteristische Institution des Gesangvereins trat. Bruckner konnte sich nun in dem kleinen Linz zur Bildungsschicht der bürgerlichen Gesellschaft zählen.

Nach der erfolgreichen Beendigung des Studiums bei Sechter legte Bruckner im Herbst 1861 eine anspruchsvolle Orgelprüfung an der Wiener Piaristenkirche ab, deren glänzendes Resultat er sich mit einem Diplom des Wiener Konservatoriums quittieren ließ. Spätestens hier beginnt eine strategische Ausrichtung auf die Nachfolge des alternden Sechter als mögliches Berufsziel sichtbar zu werden. Gleichzeitig begann Bruckner am Jahresende 1861 das Kompositionsstudium bei dem neu nach Linz berufenen Theaterkapellmeister Otto Kitzler, das sich über fast zwei Jahre erstreckte. So logisch die Reihenfolge der langjährigen Studien insgesamt erscheint (Satzlehre, Kontrapunkt, dann Formenlehre und Komposition), so ungewöhnlich sind ihr Zeitpunkt und ihre Dauer: Bruckner war, als er das Fernstudium bei

Sechter begann, bereits über 30 Jahre alt, und er war fast 40, als er den Lehrgang bei Kitzler beendete. Als Sechter im September 1867 in Wien verstarb, bewarb sich Bruckner um dessen Professur am Wiener Konservatorium, die er im Oktober 1868 dann tatsächlich antrat. Beim Umzug nach Wien aber hatte er nicht nur eine ungewöhnlich solide Kompositionsausbildung, sondern auch bereits seine Erste Sinfonie im Gepäck.

Dass Bruckner Ende 1861 für sein Kompositionsstudium an den jungen Otto Kitzler geriet, der seinem bis dahin am Theater kaum interessierten Schüler die neue Welt des Wagner'schen Musikdramas erschloss, muss man als Glücksfall bezeichnen. 1834 in Dresden geboren, war Kitzler für jenen Wagner-Enthusiasmus, der fast seine ganze Generation prägen sollte, geradezu prädestiniert. Bis zu Wagners Flucht aus Dresden 1849 konnte Kitzler dessen Wirken aus nächster Nähe erleben. Es ist daher auch kein Zufall, dass Kitzler 1863 den *Tannhäuser* zur Linzer Erstaufführung brachte, zu der sein zehn Jahre älterer Schüler Bruckner durch die Mitwirkung der Liedertafel «Frohsinn» aktiv beitrug. Um diese Zeit war er durch Kitzler bereits in die Geheimnisse von Wagners Harmonik und Instrumentation eingeweiht worden, und man übertreibt wohl kaum, wenn man diese Wagner-Erfahrung als das tiefgreifendste musikalische Erweckungserlebnis in Bruckners gesamtem Leben bezeichnet. Allerdings entwickelte er durch diese Initiation nicht etwa einen musikdramatischen Ehrgeiz, sondern fasste vielmehr sein eigenes Ziel geradezu gegen Wagners Behauptung von der Überlebtheit der Sinfonie ins Auge.

Der Lehrgang bei Kitzler, an dessen Ende Bruckner sich im Juli 1863 einen förmlichen, an zünftige Handwerkerrituale gemahnenden «Freispruch» durch den Meister erbat, schlug sich in einem Studienheft von mehr als 320 Seiten Umfang nieder. In der Logik des Curriculums, die neben der Systematisierung von Bruckners vokalmusikalischer Profession auch auf die Sinfonie als die höchste Gattung der Instrumentalmusik zielte, lagen zwei Abschlussarbeiten: die «Studiensinfonie» in f-Moll und die aufwendige Vertonung des 112. Psalms. Kitzler, der seinen Schüler um fast 20 Jahre überlebte, schrieb einige Jahre nach

Bruckners Tod seine Erinnerungen an den Unterricht nieder. Ihnen zufolge legte er ihm die kleine Formenlehre von Ernst Friedrich Richter zugrunde und ließ den Schüler «von der achttaktigen Periode bis zur Sonate alle notwendigen Studien durchmachen» (Kitzler 1904, 29). Das erhaltene Studienbuch lässt jedoch erkennen, dass in den Gesprächen zwischen Lehrer und Schüler, deren Resultate sich Bruckner oft stichwortartig notierte, zwei andere (und wesentlich wichtigere) Lehrwerke eine Rolle gespielt zu haben scheinen: die Kompositionslehren von Johann Christian Lobe (1850) und von Adolph Bernhard Marx (1837–47). Für ein Verständnis von Bruckners musiktheoretischer Bildung ist das von erheblicher Bedeutung.

Der Lehrgang ging, anders als von Kitzler mitgeteilt, über die Sonate hinaus und endete neben der erwähnten Psalmvertonung tatsächlich mit der Anfertigung einer Sinfonie. Zwingend musste sich Bruckner dafür zunächst ein Verständnis der Sonatenform erarbeiten, und dass dies auf der Basis der Formenlehre von Lobe geschah, hatte Konsequenzen. Der in der heutigen Musiktheorie geläufige Terminus «Sonatenform», den Bruckner überhaupt nur wenige Male während der Ausbildungszeit verwendete (vgl. KStB, 137 und 150, sowie Briefe 1, 32), ist durch Adolph Bernhard Marx zur Diskussion gestellt worden. Die Kompositionslehre von Marx jedoch wurde im Unterricht nur als Grundlage für Instrumentationsstudien verwendet; die vorher zu absolvierende Einführung in die Formenlehre hingegen erfolgte nicht nach Marx, sondern nach Lobe. Damit verinnerlichte Bruckner als gelehriger Schüler nicht die modernere, sondern die traditionelle Auffassung der Sonatenform, die von einem zweiteiligen Aufbauschema ausging. Die drei Formabschnitte, die in heutiger Terminologie als Exposition, Durchführung und Reprise bezeichnet werden, fasste Lobe noch in einem «ersten Teil» (Exposition) und einem «zweiten Teil» (Durchführung und Reprise) zusammen. Das blieb lebenslang auch Bruckners Sprachgebrauch, obwohl er gegenüber dem Terminus «Teil» zunehmend den Begriff «Abteilung» favorisierte, als wollte er die damit verbundene Räumlichkeit der Formvorstellung noch steigern. Für die Gliederung der Sonatenform in nur zwei «Teile» (Lobe) oder «Abteilungen» (Bruckner) sprach immerhin die musikalisch relevante Tatsache, dass im klassischen Sonatensatz (und so auch noch in Bruckners eigener «Studiensinfonie») das Expositionsende, als Schluss des ersten Formteils, durch einen mit Wiederholungszeichen versehenen Doppelstrich eigens angezeigt zu werden pflegte. Obwohl Bruckner bereits seit seiner Ersten Sinfonie auf die konventionelle Wiederholung der Exposition verzichtete, hielt er lebenslang an der Gewohnheit fest, das Ende des Expositionsteils (nach seinem Sprachgebrauch also der «ersten Abteilung») durch einen Doppelstrich zu markieren. Das wird zwar nicht hörbar, bleibt aber ein bis zuletzt in der Partitur sichtbares Zeichen der nach Lobe gelernten zweiteiligen Sonatenformauffassung, gegen die sich im Laufe des Jahrhunderts die modernere dreiteilige nach Marx und Riemann allmählich durchsetzte. Was auf den ersten Blick wie eine bloße terminologische Äußerlichkeit aussieht, hatte für Bruckners Formdenken substantielle Folgen – allerdings keineswegs im Sinne theoretischer Rückständigkeit, denn die in Kitzlers Unterricht angeeignete zweiteilige Auffassung der Sonatenform sollte ihm, wie noch zu erörtern sein wird, vielmehr eine plausible Neudeutung der sinfonischen Dramaturgie ermöglichen. Für Bruckner waren solche formtheoretischen Termini nicht bloß Funktions-, sondern buchstäblich Substanzbegriffe: Er fasste die Sonatenform nicht einfach zweiteilig auf, sondern er komponierte sie auch so. Auch seine bis ans Lebensende beibehaltene Bezeichnung für die jeweils zweiten Themen seiner großen Sätze, «Gesangsgruppe» oder «Gesangsperiode», entstammt der Formenlehre von Lobe, und ein präziserer Begriff für ihre besondere Charakteristik bei Bruckner lässt sich schwerlich vorstellen.

Über Perioden, Liedformen, Tänze, Variationen, Rondoformen und eben die einzelnen Formabschnitte der Sonatenform gelangte Bruckner schließlich zur Komposition erster eigener Instrumentalwerke. Unter ihnen befinden sich der Kopfsatz einer Klaviersonate in g-Moll, ein Streichquartett in c-Moll, ein d-Moll-Marsch, ein Orchesterstück in e-Moll sowie eine im November 1862 beendete Ouvertüre in g-Moll. Nebenher übte er das Handwerk der Instrumentation an der Orchestrierung von Beethovens berühmter c-Moll-Klaviersonate op. 13, der *Pathétique*, ein. Ob diese auffällige, weil ausschließliche Bevorzugung von Moll-Tonarten auf den Lehrer oder auf den Schüler zurückgeht, ist nicht auszumachen. Die Abschlussarbeit des gesamten Kursus jedenfalls, die sogenannte «Studiensinfonie», bildet hier keine Ausnahme. Sie steht in f-Moll, und mit Moll-Tonarten setzte Bruckner auch später zunächst das freie Komponieren seiner offiziell gezählten Sinfonien fort. Auf die Sinfonie als das ersehnte Ziel des Ausbildungsgangs musste sich der Schüler systematisch zubewegen; die entsprechenden letzten Seiten des Studienbuchs zeigen die Erledigung der Aufgabe, weit mehr als zwei Dutzend mögliche Sinfonie-Anfänge zu erfinden. Unter einem der Entwürfe findet sich, von Bruckner gewissenhaft notiert, das noch wenig ermutigende Urteil des Lehrers: «veraltet» (KStB, 311). Das ist deshalb bemerkenswert, weil Kitzlers durchaus nachvollziehbare Kritik an dem konventionellen Themenmodell das kurz danach eintretende Mirakel als umso überraschender erscheinen lässt: Als letzter der Entwürfe erscheint das Hauptthema der «Studiensinfonie», und dieses hat offenbar die Erlaubnis des Lehrers zur gründlichen Ausarbeitung bewirkt. Mit dieser Abschlussarbeit tritt also der Sinfoniker Bruckner erstmals auf den Plan: Auch wenn sie noch keineswegs den späteren Stil in vollem Umfang erahnen lässt, bedeutet sie doch gegenüber allem Vorherigen eher einen Quantensprung als das Resultat einer langsam gewachsenen Entwicklung. Alle Versuche, diesen Qualitätssprung zu erklären, müssen daher einigermaßen hilflos bleiben. Nach mehreren Monaten der Arbeit an dieser Sinfonie, die im Sommer 1863 mit seinem förmlichen «Freispruch» durch Kitzler endete, war Bruckner am Ziel.

Es lag nahe, dass Bruckners so gewonnene kompositorische Selbständigkeit sich nun erst einmal im Rahmen seiner beruflichen Pflichten entfaltete. Bis jetzt war er immer noch in erster Linie Kirchenmusiker am Linzer Dom und Leiter des bürgerlichen Gesangvereins «Frohsinn». Das erste nach den Studien bei Kitzler vollendete Werk, das uneingeschränkt den neuen

Personalstil Bruckners erkennen lässt und das er denn auch stolz als das erste Produkt seiner eigentlichen «Kompositionszeit» zu bezeichnen wagte (Göll.-A. 3/1, 203), war das große Männerchorwerk *Germanenzug*, das 1864 beim 1. Oberösterreichisch-Salzburgischen Sängerbundfest einen zweiten Preis erhielt und daraufhin als erste Komposition Bruckners überhaupt im Druck erschien. Weitere Werke, die nun auf dieser neuen Basis das Licht der Welt erblickten, waren die drei großen Messen (wieder ausschließlich in Moll-Tonarten: d-Moll, e-Moll und f-Moll), von denen zwei bereits einen großen Orchesterapparat beschäftigen und eine geradezu sinfonische Faktur aufweisen. Die ersten beiden waren für den Linzer Dom bestimmt gewesen; die dritte jedoch war, obwohl noch in Linz entstanden, bereits eine Auftragsarbeit für Wien. Es waren Bruckners letzte Messen überhaupt, und parallel mit seinem endgültigen Abschied von dieser Gattung vollzog sich die Arbeit an seinem ersten selbständigen Beitrag zur Gattung Sinfonie. Danach erfolgte, mit erstaunlicher Logik und Konsequenz, der Umzug in die Hauptstadt, in der er mit dem 1870 eröffneten neuen Musikvereinsgebäude den idealen Konzertsaal für sein sinfonisches Schaffen vorfinden sollte. Unmittelbar davor liegt allerdings eine Episode, die den Biographen bis heute Kopfzerbrechen bereitet: Den ganzen Sommer 1867 über kurierte Bruckner eine Nervenkrise in der Kuranstalt Bad Kreuzen aus, die er im Spätsommer 1868 direkt vor dem Umzug nach Wien ein zweites Mal aufsuchte. Ob ein Zusammenhang mit dem heftigen kreativen Ausbruch der zurückliegenden Schaffensphase besteht, ist ungewiss.

Ebenfalls fraglich bleibt beim Blick auf Bruckners langen Weg zur Sinfonie, ob hinter seiner Entscheidung zum Unterricht bei Kitzler bereits der Lebensentwurf des auf Wien zielenden Sinfonikers gestanden hat, oder ob er sein einschlägiges Talent nicht überhaupt erst während dieser Zeit entdeckte. Die am Ende der Ausbildung stehende f-Moll-Sinfonie war zwar noch eine (von Bruckner später selbst auch so genannte) «Schularbeit», aber schon deren nur zurückhaltende Beurteilung durch Kitzler hat ihn, wie sich jener später erinnerte, «gekränkt» (Kitzler 1904,

30) – was den Lehrer bei Bruckners «unendlicher Bescheidenheit» merkwürdig berührte und was uns heute als das nachträglich sehr berechtigte Symptom eines mächtig erwachenden Selbstbewusstseins erscheinen will.

Ein sinfonisches Gesamtkonzept

Wie konsequent und systematisch Bruckner seine Idealvorstellung der Sinfonie verfolgte, sieht man an der sehr einheitlichen strukturellen Matrix, die all seinen Werken zugrunde liegt. Die eigentümliche Spannung zwischen schematisiertem Grundriss und individueller Werkgestalt gehört zu Bruckners unverwechselbarer sinfonischer Dramaturgie, die sich den meisten Hörern zwar ohne weiteres intuitiv als Überwältigung, seltener jedoch als rational nachvollziehbare kompositorische Strategie erschließt. Darum ist es nützlich, zunächst einmal einige «technische» Details zu klären.

Für Bruckner besteht die Sinfonie stets aus vier Sätzen. Ihnen allen liegt das im Unterricht bei Kitzler angeeignete Ordnungsmodell der Sonatenform zugrunde. Obwohl Bruckner dieses Modell in jedem der vier Sätze von Grund auf für seine Erfordernisse neu ausgerichtet hat, ist ihm lange Zeit hindurch das glatte Gegenteil, nämlich die gänzlich unreflektierte Anwendung des erlernten Konzepts, unterstellt worden. Selbst Bruckners eigener Schüler Franz Schalk äußerte später mit Bedauern, es gebe «nichts Primitiveres als die Brucknersche Form». Niemals sei einer der großen Komponisten «mit dem Formproblem sorgloser umgegangen als Bruckner»; dieser habe sich «ein sehr einfaches Schema für seine Sätze zurecht gelegt, darüber offenbar niemals spekuliert, und in all seinen Sinfonien ganz gleichmäßig festgehalten» (zit. nach BrHb 2010, 91). Diese in den 1920er Jahren formulierte Position eines glühenden Anhängers muss man kennen, um die Perspektive der noch viel weiter reichenden Kritik der Bruckner-Verächter zu verstehen. Sehr schwer hatten es daneben anfangs die ebenfalls bereits in den 1920er Jahren begonnenen Auseinandersetzungen mit Bruckners Formdenken (August Halm, Ernst Kurth), denen man heute die Grundlagen eines angemessenen Verständnisses zu verdanken hat. Bruckners eigener langer Weg zur Sinfonie fand seinen Nachhall im langen Weg des Publikums zum adäquaten Begriff.

Das Modell für die Anlage der Exposition im Kopfsatz einer Bruckner-Sinfonie ermöglicht es in der Tat, eine für alle reifen Werke gleichermaßen gültige strukturelle Beschreibung zu liefern. Schalk hat sie im oben zitierten Zusammenhang «für die Ecksätze» so formuliert: «Hauptthema, hier und da eine Art Introitus vorher, Seitensatz, den er stets sehr charakteristisch mit dem Wort Gesangsperiode bezeichnete, und Schlußperiode». Sieht man vorerst von der nicht unproblematischen Behauptung ab, für beide «Ecksätze» gelte dasselbe, dann ergibt sich für die Exposition im Kopfsatz wie im Finale in der Tat die wichtige Einsicht in die für Bruckner typische Drei-Themen-Struktur. Woher Bruckner die Anregung für dieses Strukturmodell nahm (es ist zum Beispiel häufig bei Schubert deutlich vorgeprägt), ist unklar, weil man über seine Repertoirekenntnis nur wenig weiß. Über alle möglichen Vorbilder hinaus hat Bruckner seine Haupt-, Seiten- und Schlussgruppenthemen in einem hohen Grade typisiert: Sie weisen, während sie den Ablauf des einzelnen Satzes durch ihre extremen Differenzen prägen, über alle Sinfonien hinweg dieselben konstanten Charakteristika auf. Während diese allerdings für alle Thementypen aller Sätze schon früh festlagen, hat Bruckner an einer bezeichnenden Stelle noch auffallend lange experimentiert: beim ersten erklingenden Thema der Sinfonie nämlich, dem Hauptthema des Kopfsatzes, dem freilich auch eine für das Gesamtkonzept besonders herausgehobene Funktion zugedacht wird.

Dieses *Hauptthema* erklingt nach einem kurzen unthematischen Vorspann (Schalk nennt ihn, wie oben zitiert, «eine Art Introitus»). Es ist nicht nur das erste, sondern auch das wichtigste Thema des Werks, denn es sind die Stufen seiner Steigerung, die bis in den Schluss hinein den Verlauf des Ganzen gliedern. Seine eigentümliche, die traditionelle Periodik hinter sich lassende Syntax – seine «Kettenstruktur», wie Werner F. Korte sie genannt hat (Korte 1963, 28) – ist das Resultat einer konsequenten stilistischen Entwicklung. Endgültig und exemplarisch ausgeprägt ist sie seit der Fünften Sinfonie. Der motivische Kern des Themas ist immer kurz, meistens «eine prägnante Kurzzeile» von vier Takten (Korte 1963, 24). Diese Kurzzeile – der rhythmisch sorgfältig profilierte Themenkopf – wird im Regelfall sofort auf veränderter Tonstufe wiederholt (also sequenziert) und anschließend, um weitere zwei- oder viertaktige Kurzmotive angereichert, zu einer auf den Verfahren von Addition und Reihung basierenden thematischen Kette ausgebaut. Eine Bruckner-Sinfonie beginnt nie laut, sondern stets mit einem leisen Anheben gleichsam aus der Stille heraus. (Darin liegt bereits ein wesentlicher Unterschied zum scheinbar identisch gebauten Finale, das meist mit erheblicher Energie und oft mit verzögerter Fixierung der Grundtonart einsetzt.) Nach dieser ersten Aufstellung des Hauptthemas erfolgt dann sein unmittelbar angeschlossener zweiter Vortrag als kraftvoller dynamischer Ausbruch. Die ganze thematische Kette erklingt also, allenfalls leicht variiert, ein zweites Mal, aber nun unter Aufbietung des gesamten Orchesterapparats. Spätestens mit der Fünften Sinfonie steht dieses standardisierte Expositionsverfahren fest und bleibt bis zur Achten gültig. Erst die Neunte experimentiert dann noch einmal mit einem ganz neuartigen Themenkonzept. In jedem Fall jedoch, und darin für Bruckner durchgängig charakteristisch, stellt die Hauptthemakette nach ihrer Vorstellung und Steigerung jegliche Energie umgehend ein und wird abgebaut, sie scheint förmlich zu versickern. Technisch gesprochen geschieht dies durch motivische Liquidation, indem Restmotive der Themakette abgespalten, sequenziert, wiederholt oder durch Augmentation verlangsamt werden.

Es fehlt also, höchst irritierend, die an dieser Formstation obligatorische Überleitung zum folgenden Seitenthema (das ist allenfalls noch, zum letzten Mal, in den Ecksätzen der Ersten Sinfonie der Fall). Die traditionelle Disposition, in der die angegangene Wiederholung des Hauptthemas schließlich in die Modulation zum Seitensatz übergeht, wird von Bruckners Expositionskonzept vollständig umgedeutet. Zu seiner neuartigen Dramaturgie gehört eher die harte Fügung als die glatte Verbindung. Die Sinfonie geht nicht aus dem Hauptthema hervor – wohl aber wird sie, wie sich zeigen wird, auf der obersten Ebene des Werks in einem großen Bogen von ihm überspannt. Das insofern nicht vorbereitete *Seitenthema*, das Bruckner als «Gesangsperiode» zu bezeichnen pflegte, tritt daher als abrupte Öffnung einer völlig neuen Sphäre ein. Wie das Hauptthema wird auch die Gesangsperiode in zwei Entfaltungswellen vorgetragen, in die meistens ein Motivbestandteil aus dem Hauptthemenfeld als Moment einer subkutanen Verknüpfung integriert wird. Das schließende *dritte Thema*, das ebenfalls zweimal ansetzt, zielt danach auf die größte dynamische Steigerung der Exposition. In der Bruckner-Literatur hat sich für seine generelle Charakterisierung der Terminus «Unisono-Thema» eingebürgert, was eine seiner zentralen Eigenschaften nicht schlecht erfasst: In der Regel hat es eine Hauptstimme von recht lapidarer melodischer Kontur, und seine durchaus mögliche Mehrstimmigkeit ist (anders als in der Gesangsperiode) nicht durch Polyphonie, sondern durch Heterophonie geprägt, denn alle Nebenstimmen sind nichts als melodische Derivate der Hauptstimme. Nicht selten übernimmt das Unisono-Thema einzelne Motivelemente der beiden vorangegangenen Themenfelder, so dass also alle drei Themengruppen der Exposition «durch thematische Assoziierung verkettet» sein können (Korte 1963, 44).

Am Ende der Exposition, das – oft erst im letzten Moment – die Dominant- bzw. Paralleltonart erreicht, kommt es immer zur vollständigen Beruhigung; damit wiederholt sich in der höheren Größenordnung des gesamten Formteils das, was im Kleinen schon einmal nach dem Vortrag des Hauptthemas zu erleben war. Es gibt bei Bruckner keinen Expositionsschluss ohne die sorgfältige Reduktion auf spärliche Motivreste und den Rückgang auf das niedrigste dynamische Niveau. August Halm, einer seiner einsichtsvollsten frühen Kommentatoren, hat als Bruckners generelles Gestaltungsprinzip die extreme Ausdifferenzierung der «Zeiten der Form» erkannt, unter denen das scheinbare Aufhören aller Aktivität am Expositionsende nicht etwa einen kompletten Stillstand, sondern nur die tiefe Versenkung in erwartungsvoll gespannte Ruhe markiert (Halm [2]1923,

56). Ernst Kurth, der neben Halm wichtigste frühe Bruckner-Interpret, hat zur gleichen Zeit das plastische Bild der «Kraftwelle» bemüht: So wie jedes Expositionsthema in zwei Ansätzen vorgetragen wird, deren zweiter jeweils den ersten steigert, ist auch die Abfolge der Formteile des Satzes in einen übergreifenden Steigerungsvorgang eingegliedert; dieser muss über schroffe Zäsuren, retardierende Momente und vielfache Neuansätze hinweg als «dynamischer Einheitsvorgang des symphonischen Gestaltens» wahrgenommen werden (Kurth 1925, 249) und erfüllt sich in den weit auseinanderliegenden Stufen der Hauptthemawiederkehr. Beiden Ansätzen – der Betonung des Zeiterlebens (Halm) wie der Wahrnehmung energetischer Kontinuität (Kurth) – ist gemeinsam, dass sie gegenüber der scheinbar zerklüfteten Oberfläche einer Bruckner-Sinfonie die konstitutive Leistung des Rezeptionsakts ins Spiel bringen. Zugleich umreißen sie damit auch die Gestaltungsaufgabe, vor der bis heute jede Aufführung einer Bruckner-Sinfonie steht.

Mit der Durchführung setzt die «zweite Abteilung» ein. Nach der Ruhe des Expositionsendes stets leise neu ansetzend und von dort aus auf ihren eigenen Höhepunkt zielend, reformuliert sie die exponierten Themen durch die Anwendung technischer Mittel aus dem Bereich der Kontrapunktlehre, als ginge es nun um die kreative Anwendung des bei Sechter Gelernten auf das Material der Sinfonie: Augmentation und Diminution der Kernmotive, polyphone Verknüpfung durch Imitation und Engführung in gerader (*recto*) wie in umgekehrter (*inverso*) Fassung. Das Ereignis, auf das diese Vorgänge vorbereiten, ist stets die erste gesteigerte Wiederkehr des Hauptthemas am Höhepunkt der Durchführung. Damit stellt der Eintritt der Reprise im Kontext dieser Steigerungsdramaturgie einen besonders sensiblen Punkt dar, an dem Bruckners Entwicklung ihre eigene Logik offenbart: Indem er zwangsläufig einen weiteren Auftritt des Hauptthemas darstellt, ohne nach der Kulmination der Durchführung aber ein eigener Höhepunkt zu sein, wird er 1) entweder gegenüber dem Höhepunkt der Durchführung zurückgestuft, 2) als aus ihm hervorgehend nahtlos mit ihm verschmolzen oder 3) schließlich sogar übersprungen. Das eigentliche Ziel des Satzes, nach dem Ende der Reprise stets auf niedrigstem dynamischen Niveau neu anhebend, ist immer die Krönung mit einer Coda, deren Höhepunkt auf die abermalige (und nun machtvollste) Wiederkehr des Hauptthemas zielt.

In dieser satzübergreifenden Steigerungsanlage erweist sich Bruckners Neudeutung der zweiteiligen Sonatenformauffassung als überzeugende kompositorische Konsequenz. In den Kopfsätzen tendiert Bruckner zunehmend dazu, Durchführung und Reprise zu einem auf den Schluss, die strahlende Coda, zielenden Gesamtablauf zusammenzufassen. Folgerichtig spitzt er diese Dramaturgie in den Finalsätzen sogar noch zu (und zwar von Fassung zu Fassung deutlicher): Sie unterscheiden sich, ihrer Position im Werk Rechnung tragend, von den Kopfsätzen dadurch, dass sie diesen Ablauf zusätzlich straffen und innerhalb der «zweiten Abteilung» ganze Formstationen (wie das Reprisenhauptthema in der letzten Fassung der Dritten oder das dritte Themenfeld in der letzten Fassung der Vierten) ohne Schaden für die Integrität der Form einfach überspringen können. Denn das eigentliche Ziel eines Bruckner'schen Finales, und damit das Ziel des gesamten Werks, ist am Ende die Wiedergewinnung des Themas, mit dem die Sinfonie begonnen hat: die strahlende Wiederkunft des Kopfsatz-Hauptthemas in all seiner Glorie und in der prächtigsten aller denkbaren Klangentfaltungen.

Wenn man von hier aus auf die Binnensätze blickt, wird man das Modell der Sonatenform in zwei weiteren satzspezifischen Ausprägungen finden. Der langsame Satz, das von Bruckner seit der Fünften konsequent so bezeichnete «Adagio», steht zu den Ecksätzen in einer Kontrastbeziehung, die schon daran kenntlich ist, dass ihm (außer in der Sechsten Sinfonie) in den Moll-Sinfonien eine Dur-Tonika, in den Dur-Werken hingegen eine in Moll zugrunde liegt. Seine Form hat sich bei Bruckner aus einer Überblendung der für diesen Satztypus üblichen dreiteiligen Bogenform (A-B|-C-|A-B) mit den Grundzügen der Sonatenform herausentwickelt (siehe Tabelle A). Nach der Erprobung unterschiedlicher Spielarten dieser Überblendung kristallisiert sich schließlich mit dem Adagio der Zweiten Sinfonie das Modell einer gleichsam «strophischen» Sonatenform heraus (Steinbeck 1993, 39), die das A-Thema über alle drei Teile hinweg steigernd entwickelt und schließlich in den strahlenden Höhepunkt des Satzes führt: A^1-B^1|A^2-B^2|A^3-Coda. Wenngleich alle drei Abschnitte des Adagio-Satzes (auch der mittlere, der im Sonatenmodell die Position der «Durchführung» besetzt) in der Haupttonart beginnen, bleibt die genetische Herkunft aus der Sonatenform doch erkennbar. Es ist deshalb nur scheinbar paradox, wenn das Adagio der Sechsten Sinfonie, das von dem seit der Zweiten Sinfonie geltenden Formkonzept am weitesten abweicht (es hat drei statt nur zwei Themen, und sein mittlerer Teil beginnt nicht auf der Tonika), gerade damit das ursprüngliche Modell der Sonatenform am deutlichsten durchscheinen lässt. Weitere scheinbare Ausnahmen wie das Adagio in der letzten Fassung der Dritten Sinfonie bestätigen ebenfalls die Regel, denn hier liegt das Resultat einer drastischen Kürzung vor, die den ursprünglich viel komplexeren Sonatensatz auf die Dreiteiligkeit der konventionellen Bogenform reduziert.

Das bis vor der Achten Sinfonie stets an dritter Stelle stehende Scherzo ist der Satz, dessen Umriss für Bruckner am frühesten feststand. Seine einfache und sehr klar erkennbare Sonatenform ist, wie bei Beethoven oder bei Schubert, auf nur ein Themenfeld gestützt (statt auf drei wie in den Ecksätzen oder auf zwei wie im Adagio), das sich freilich in mehrere Motive aufspalten kann. Der für die anderen Sätze so sinnfällige thematische Kontrast ist jedoch nicht aufgelöst, sondern auf das Scherzo und das (ganz analog gebaute) Trio verteilt. Die Exposition, die genau wie in den Ecksätzen durch einen Doppelstrich abgegrenzt wird, moduliert auch hier an ihrem Ende regelkonform in die Dominante oder in die Parallele. Die «zweite Abteilung» umfasst dann, ebenfalls leicht wahrnehmbar, eine Durchführung und die (harmonisch nun ausgeglichene) Reprise. Nur in den frühen Sinfonien werden, was Bruckners zweiteilige Auffassung der Sonatenform schlagend belegt, die beiden Formteile noch wiederholt, und ebenfalls nur in den frühen Sinfonien schließt sich an die Wiederkehr des Scherzosatzes (*da capo* nach dem Trio) noch eine eigens auskomponierte Coda an.

Ein charakteristisches Merkmal von Bruckners Stilentwicklung ist die zunehmende Rationalisierung der musikalischen Syntax, ihre Fügung aus meist zwei-, vier- oder achttaktigen Satzgliedern. Während ungeradzahlige Taktgruppen in der Ersten Sinfonie noch die knappe Hälfte, in der Zweiten hingegen bereits nur noch ein knappes Viertel des Satzbaus ausmachen, sinkt ihr Anteil in der zweiten Fassung der Dritten schließlich auf 1 % (Grandjean 2001, 133). Seit 1876 ging Bruckner in all seinen Partituren dazu über, diese Syntax durch konsequente Auszählung der Taktordnung eigens zu kontrollieren. Die Monumentalität seiner sinfonischen Großwerke hat eine akribisch durchgeplante Innenseite. Sie ist es, die nicht nur die klare Gliederung der Expositionsphasen, sondern auch die präzis kalkulierten Steigerungen ermöglicht – eine Struktur, die schließlich die umfassenden Reparaturarbeiten an den späteren Fassungen sehr erleichterte, wenn nicht überhaupt erst erlaubte. Das Betriebsgeheimnis der Gesamtstruktur liegt nach Kortes treffender Diagnose in Bruckners Neigung, «jede innere Ordnung von abgegliederten, quadratisch abgemessenen Werkstücken abhängig zu machen» (Korte 1963, 42). Damit ist auch klar, dass Bruckners so oft betonte Wagner-Nachfolge keineswegs auf diesem Gebiet liegen kann: Mit Wagners Idee der «unendlichen Melodie» hat Bruckners thematisches Denken nichts zu tun. Die so erzeugte parataktische Struktur wird oft noch durch registerartige Instrumentationswechsel und ein entsprechend zerklüftetes Klangbild betont: Bruckners orchestrales Denken, das anfangs wohl auch noch die Klangerfahrung des Organisten integrierte, vor allem aber zunehmend eigene Konsequenzen aus der Auseinandersetzung mit dem Orchester Wagners zog, steht im Dienst einer klaren Darstellung der Struktur. Dasselbe lässt sich von seiner avancierten Harmonik sagen, die sich, ohne das Inspirationserlebnis durch Wagner kaum denkbar, bis in die unerhörten Dissonanzballungen der Neunten Sinfonie hinein stetig weiterentwickelte. Paradoxerweise leistet sie, indem sie den traditionellen Tonartenplan der Sonatenform in Umrissen respektiert, nichts Geringeres als die Umfunktionierung einer in den offenen Verläufen des Musikdramas entwickelten harmonischen Logik für die Erfordernisse geschlossener instrumentalmusikalischer Formbildung.

Weil sich die voranstehenden Beobachtungen mit mehr oder weniger Abweichungen an allen Sinfonien verifizieren lassen, ist die Behauptung kaum übertrieben, dass Bruckners sinfonisches Gesamtkonzept von der Themenbildung über die Formen und Satzcharaktere bis hin zur Gesamtanlage aus der prekären Spannung zwischen Typologie und Individualisierung lebt. In strukturalistischer Terminologie ausgedrückt, erfüllt es auf der paradigmatischen wie auf der syntagmatischen Ebene alle Merkmale eines Systems. Es wirkt daher mit diesen Eigenschaften keineswegs, wie ihm früher gern vorgehalten wurde, als immer wieder repetiertes Schema, sondern als eine Art von generativer Formgrammatik, deren Resultate bis hin zu wechselseitiger Erhellung systematisch miteinander zusammenhängen. Erst vor diesem generischen Hintergrund, den man nicht aus dem Auge verlieren darf, gewinnt jede Sinfonie ihre Individualität.

Sinfonische Sinnstiftung

Die von der Beethoven-Deutung ausgehende Publizistik, die den Aufstieg der Sinfonie zur repräsentativen instrumentalmusikalischen Gattung des bürgerlichen Zeitalters begleitete, ließ das Publikum des 19. Jahrhunderts im Werkverlauf zunehmend eine Bedeutung, eine Idee, einen «Sinn» suchen. Nicht selten wurde dabei kurzschlüssig auf die Biographie des Komponisten zurückgegriffen, die man im Falle Beethovens gern auf das Pathos des heroischen Durchhaltens, im Falle Bruckners auf die Spiritualität seines katholischen Glaubens reduzierte. Auf entsprechende Absichtserklärungen des Komponisten kann man sich dabei nicht berufen. Bruckners Sinfonien sind ästhetische Sinnstiftungsversuche eines Musikers, dessen tiefe Frömmigkeit, die ihn von der intellektuellen Elite des liberalen Wien auffallend unterschied, zwar eine biographische Tatsache ist. Ob sie aber einen Einfluss auf das Komponieren seiner Sinfonien ausgeübt hat, muss offen bleiben.

Zweifellos hat Beethoven auch für Bruckner einen unausweichlichen Maßstab gebildet. Auf die aus diesem Modell sich ergebende Belastung der Sinfonie mit der Aufgabe, den gesamten Werkverlauf überzeugend mit einem triumphalen Abschluss zu krönen – das sogenannte «Finale-Problem», mit dem sich etwa Brahms in seinem sinfonischen Erstling ersichtlich abzumühen hatte –, reagierte Bruckner mit einer ganz eigenen Strategie. Es nahm allerdings beträchtliche Zeit in Anspruch, bis er für sein sinfonisches Gesamtkonzept eine plausible Lösung fand, die erstmals in der Dritten und der Vierten in vollem Umfang sichtbar wird und danach die sichere Basis für alles Folgende darstellt. Vor diesem Hintergrund ist der kühle Pragmatismus, mit dem er in seiner 1865 begonnenen Ersten Sinfonie das Problem noch wie den sprichwörtlichen gordischen Knoten behandelte, indem er kurzerhand die Komposition mit dem Finale statt mit dem Kopfsatz begann, nicht ohne strategischen Hintersinn. Bezeichnenderweise hat sich Bruckner erst seit der Dritten Sinfonie – und auch danach nicht immer konsequent – beim Komponieren der Sätze an deren Reihenfolge im Werkverlauf gehalten (siehe Tabelle B).

Bruckners merkwürdig späte Wandlung zum Sinfoniker hat sich in seiner Linzer Zeit während des Kompositionsunterrichts bei Otto Kitzler vollzogen. Die Gattung der Sinfonie bot ihm offensichtlich die Möglichkeit, seine Imaginationen in viel weiteren Dimensionen zu entfalten, als es selbst die nach dem «Freispruch» durch Kitzler entstandenen drei großen Messen zuließen, die auch beim Ausgriff in eine bereits sinfonisch zu nennende Faktur doch an den strengen Rahmen des katholischen Messformulars gebunden blieben. Ein vorfixiertes Ordnungsprinzip suchte Bruckner zwar auch in seiner Sinfonik auf, aber es war nun eines der von semantischen und textlichen Vorgaben befreiten Instrumentalmusik, das Bruckner seinen Intentionen entsprechend formen und mit einem ganz eigenen Sinn erfüllen konnte.

Der Verlauf einer Bruckner-Sinfonie, stets leise beginnend und laut endend, erschließt sich auch schon dem oberflächlichsten Verständnis als der einer weit ausholenden Steigerung. Viel entscheidender aber als diese äußerliche, wenngleich gewiss nicht unwesentliche Beobachtung zur Dynamik ist der ebenfalls ganz sinnfällige Umstand, dass seit der Dritten Anfang und Ende jeder Sinfonie dem Auftritt des Hauptthemas gewidmet sind: In der Exposition des Kopfsatzes auf niedrigster dynamischer Stufe eingeführt, tritt es zunächst an weiteren Formstationen (Durchführung/Reprise), vor allem aber am Schluss des Kopfsatzes und dann wieder am Ende des ganzen Werks mit allem instrumentalen Glanz hervor. Es kann daher geradezu als das Hauptthema der gesamten Sinfonie (und nicht nur des Kopfsatzes) gelten. Das Konzept der gesteigerten Wiederkehr ist gewissermaßen die inhaltliche Substanz der sinfonischen Dramaturgie, und sie geht mit einer tiefgreifenden Neuausrichtung der musikalischen Textur einher: Bruckners Originalität liegt in der Idee, den gesamten Werkverlauf mit einem sinnfälligen Wiederkunftsszenario zu überwölben und damit die unterhalb dieser Ebene wirksamen motivisch-thematischen Verkettungen nachdrücklich von der traditionellen Aufgabe der Kohärenzbildung zu entlasten. Das subtile motivische Geflecht, von dem eine Bruckner-Sinfonie durchzogen wird, hat daher nichts mit der Entwicklungslogik der motivisch-thematischen Arbeit zu tun.

Seit der Dritten Sinfonie sind deshalb die Hauptthemen der Ecksätze auf diese Dramaturgie hin eingerichtet: Das Finale-Thema lässt, oft sogar unter Verzicht auf eine zu starke eigene Prägung, dasjenige des Kopfsatzes bereits von fernher durchscheinen, wodurch dieses – als das eigentliche Hauptthema des ganzen Werks – schließlich wie etwas längst Erwartetes wieder hervortreten kann. Der den Werkverlauf überspannende Steigerungsvorgang, auf den sich jeder der beiden Ecksätze und damit die ganze Sinfonie ausrichtet, ist aber zugleich ein radikaler Vereinfachungsprozess und daher fest verschränkt mit dem technischen Verfahren einer dreifachen Reduktion des Hauptthemas: 1) auf seinen motivischen Beginn, 2) auf dessen einfachste diatonische Erscheinungsform und 3) auf das bloße Gerüst seines Rhythmus. Alle drei Reduktionsformen können zusätzlich das Mittel der Vergrößerung durch Verdopplung der Notenwerte in

Anspruch nehmen. Dabei wird die Wiederkehr des Themas je nach ihrer Position im Werkverlauf sorgfältig differenziert: Auf dem Durchführungshöhepunkt des Kopfsatzes setzt Bruckner den Themenkopf in mehrfacher Sequenzierung, also modulierend, ein, am Satz- oder gar am Werkende hingegen in vielfacher, die Tonika bestätigender Wiederholung. An den dafür vorgesehenen Formstationen dienen mithin die Vereinfachung (durch Reduktion), die Vergrößerung (durch Augmentation) und die Vervielfachung (durch Sequenzierung oder Wiederholung) der gesteigerten Erscheinungsform des wiederkehrenden Hauptthemas.

Die rhythmische, nicht die melodische Physiognomie ist dabei in Bruckners thematischem Denken das entscheidende Moment. Alle Themen sind melodisch variabel, aber rhythmisch konstant (besonders eindrücklich zu sehen an den Inversionsverfahren, denen Bruckner seine Themen in den Durchführungsabschnitten zu unterziehen pflegt). Die Steigerung des Hauptthemas als Endzweck des gesamten Werkverlaufs bedeutet nicht dessen Apotheose, sondern – unbeschadet der wachsenden motivischen und harmonischen Komplexität des Gesamtzusammenhangs – seine gezielte Zurückführung auf das Elementare: Ihrer ursprünglichen, melodisch differenzierten Form werden die Themen im Werkverlauf systematisch entkleidet. Am konsequentesten ist diese Idee im letzten der vollendeten Finalsätze verwirklicht: am Ende der Achten Sinfonie, auf das Bruckner besonders stolz war, denn hier werden die Themenkerne aller vorangegangenen Sätze miteinander kombiniert. Realisierbar ist das nur durch die Reduktion aller Motive auf ihr rhythmisches Gerüst und die Einpassung ihrer melodischen Kontur in den Dur-Dreiklang. Als Gestaltungsprinzip ist das so eindrucksvoll wie simpel: Der Schluss der Achten beeindruckt nicht als technisches Wunderwerk, sondern als ästhetische Idee.

Den Raum zwischen den Ecksätzen nehmen das Adagio und das Scherzo ein, deren Reihenfolge Bruckner in der Achten und Neunten Sinfonie vertauscht. Obwohl sie in der Fünften ausnahmsweise ihr motivisches Material miteinander teilen, prägen sie generell im Inneren der Sinfonie einen polaren Gegensatz aus. Dabei folgen auch sie einer Steigerungsdramaturgie, aber einer jeweils eigenen, die sich zum Werkverlauf nicht konkurrierend, sondern komplementär verhält: im Adagio gleichsam als Feier der Melodie und der Harmonik, im Scherzo als konsequente Zuspitzung auf Klang und Rhythmus. In gewisser Hinsicht lässt sich daher die Satzfolge der ganzen Sinfonie als Projektion der drei Expositionsthemen des Kopfsatzes in die höhere Größenordnung des viersätzigen Zyklus verstehen, wodurch die Charakterkontraste zwischen den drei typisierten Expositionsgruppen (Hauptthema, Gesangsperiode, Schlussgruppe) in denjenigen zwischen den ersten drei Sätzen (Kopfsatz, Adagio, Scherzo) aufgehoben werden und damit dem Finale eine eigene, nämlich synthetische und abschließende Funktion zuteilen (Steinbeck 1993, 48 f.).

Bruckners Gattungsbeiträge sind die wohl eindrucksvollsten Dokumente sinfonischer Monumentalität, die das 19. Jahrhundert hervorgebracht hat. Ihre gründende Idee ist aber kaum die von Kampf und Sieg, wie sie den Sinfonien Beethovens unterstellt worden ist. Mit ihrer von Rückblenden, Abschweifungen, Stillständen und räumlicher Ausbreitung geprägten Zeitstruktur, die ein Charakteristikum der Musik Franz Schuberts aufzugreifen scheint, gewinnen sie einen sogar eher ins Epische als ins Dramatische weisenden Zug. Bruckners Sinfonien seit der Dritten gestalten die finale Wiederkehr des sinfonischen Hauptthemas nicht als triumphalen Durchbruch, sondern als Zusammenfassung des Werks, und dies nicht selten im Ton hymnischer Feier und mit dem Gestus sakraler Weihe. Sinfonischer Sinn erfüllt sich als satzübergreifende Steigerungsanlage in der proportionierten Anordnung der Themenfelder, Formabschnitte und Einzelsätze zu einem grandiosen Ganzen, das weit mehr ist als die bloße Summe seiner Teile.

Der gestalttheoretische Gedanke der Übersummativität drängt sich hier nicht grundlos auf. Eigentlich nämlich verleiht die für Bruckner typische parataktische Bauweise dem Zusammenhang der Einzelteile lediglich den Charakter einer nicht zwingend absoluten, sondern nur «relativen Notwendigkeit» (Korte 1963, 54). Dasselbe lässt sich von der Beziehung der gesteigerten Hauptthemaauftritte zum motivischen Satzgewebe sagen, denn zwischen beiden waltet – bei hoher Plausibilität der Gesamtgestalt – ebenfalls nicht das Verhältnis zwingender Logik. In aller Deutlichkeit zeigen dies die Umdispositionen der Themawiederkehr in den verschiedenen Fassungen der Dritten und der Vierten Sinfonie. Das fundamentale Ordnungsprinzip der Parataxe ist es daher auch, das in letzter Instanz hinter dem für die Bruckner-Rezeption so irritierenden Problem der Fassungen steht, weil es mit der Erweiterung, Auslassung oder Ersetzung kleinster Taktgruppen, großer Formteile und sogar ganzer Sätze deren Variantenreichtum überhaupt erst ermöglicht. Dass manche Sinfonien Bruckners in verstörender Vielfalt der Versionen existieren, lässt, wenngleich gegen den Willen ihres Autors, die Künstlichkeit und den Veranstaltungscharakter sinfonischer Sinnstiftung klar hervortreten. Nicht erst die Abfolge der Einzelwerke, sondern auch schon deren diverse Fassungen erweisen Bruckners Sinfoniekonzept als eine mit eindrucksvoller Systematik verfolgte Versuchsanordnung.

Das Problem der Fassungen

Viele Sinfonien Anton Bruckners liegen bekanntlich in mehreren Fassungen vor, die im heutigen Musikleben inzwischen alle eine Rolle spielen. Die Gründe für diese einigermaßen verwirrende Situation liegen in erster Linie in den Besonderheiten der frühen Bruckner-Rezeption. Wären alle Sinfonien von Anfang an erfolgreich gewesen, gäbe es wohl das Problem der Fassungen in dieser Schärfe heute nicht. Bruckner hat einen erheblichen Teil seiner Arbeitszeit in die Umarbeitung früherer Werke investiert; zuletzt hat ihn dies sogar für lange Zeit von der Vollendung der Neunten Sinfonie abgehalten. Es gibt Fassungen, die Bruckner allein erarbeitet hat, und solche, an denen Dritte (vor allem seine Schüler) erheblichen Anteil haben. Das hat schon früh für die Auffassung gesorgt, der durch seine öffentlichen Misserfolge deprimierte Meister sei zunehmend unter Fremdeinfluss geraten, komme also als verantwortlicher Autor mancher späteren Fassung nur eingeschränkt in Frage. Auch war das Ausmaß seiner Beteiligung an den von seinen Schülern betreuten Druckpublikationen nicht immer leicht zu klären, und selbst die wissenschaftlichen Ausgaben des 20. Jahrhunderts haben durch die Mischung verschiedener Fassungen oder durch die fragwürdige Rekonstruktion von Zwischenstufen zur Problematik noch weiter beigetragen.

Für die Revisionen, deren Skala von bloßen Varianten bis zu wirklichen Neufassungen reicht, waren diverse Anlässe und Gründe verantwortlich. So hat Bruckner seine Werke (nicht nur die Sinfonien, sondern auch die Messen) grundsätzlich immer dann, wenn sich eine konkrete Aufführungsmöglichkeit ergab, nochmals gründlich durchgesehen und ebenso sorgfältig nachgebessert. Als er 1876 dazu überging, sich in seinen Partituren schon während der Skizzierung über die Position jedes Takts im syntaktischen Gefüge durch dessen Numerierung Rechenschaft abzulegen, unterwarf er nachträglich auch die vor 1876 entstandenen Werke dieser metrischen Kontrolle, was zu Veränderungen der Phrasen- und Periodenlänge führen konnte. Eine Überarbeitung stand ebenfalls stets dann an, wenn es die Drucklegung vorzubereiten galt. Am folgenreichsten aber, und erst hier ist das Maß des in der Kompositionsgeschichte Üblichen überschritten, waren zweifellos jene einschneidenden Revisionen, die Bruckner als Reaktion auf die ihn stets erschütternde Ablehnung eines Werks vorzunehmen pflegte, sei dies nach einer Aufführung (wie im Fall der Dritten Sinfonie) oder nach der Zurückweisung der Partitur durch einen von ihm respektierten Fachmann (wie im Fall der Achten). Hier kam es in der Tat zu jeweils komplett neuen Werkgestalten bis hin zum Austausch ganzer Sätze (wie im Fall der Vierten), deren Differenzen nicht selten geradezu die Frage nach der Identität des Werks zu provozieren scheinen. Sie sind in einer nicht immer leicht entwirrbaren Quellenlage aus Autographen, Abschriften und Stichvorlagen überliefert, und nicht alle Revisionsstufen wurden mit allen Überlieferungsträgern (Kopien, Stimmenmaterial) lückenlos synchronisiert.

Trotz solcher philologischer Probleme ist es weitgehend möglich, einzelne Fassungen einer Sinfonie als distinkte Werkstufen voneinander abzugrenzen, und sie liegen inzwischen auch alle in wissenschaftlichen Editionen vor. So weisen die folgenden Sinfonien, von Varianten abgesehen, nur eine einzige Fassung auf, weil sie entweder zu Bruckners Lebzeiten nicht zur Aufführung kamen oder aber (wie die Siebte) gleich auf Anhieb erfolgreich waren: die «Studiensinfonie», die «Annullierte», die Fünfte, die Sechste, die Siebte und die Neunte. Die anderen Werke hingegen liegen aus unterschiedlichen Gründen in mehreren Fassungen vor: die Erste, die Zweite, die Dritte, die Vierte und die Achte Sinfonie. Die komplexe Chronologie der Revisionen lässt sich der Tabelle C entnehmen. Deutlich erkennbar zeichnen sich zwei große Wellen der Umarbeitung ab (1876–1880, 1887–1891), und ebenso deutlich ist zu sehen, wie sehr deren zweite die Arbeit an der Neunten Sinfonie verzögert hat.

Seit dem Bekanntwerden dieser Problematik hat sich im Laufe des 20. Jahrhunderts eine Beschäftigung auch des Konzertlebens mit den Erstfassungen entwickelt, obwohl diese als vom Komponisten selbst verworfene Versionen streng genommen nur von rein wissenschaftlichem Interesse sind. Diese Popularisierung der frühen Fassungen hat ihren Grund darin, dass die Autorisierung der Spätfassungen durch Bruckner zunehmend bezweifelt wurde, weil man eine Manipulation des unsicher gewordenen Komponisten durch sein Umfeld zu unterstellen begann. Besonders einige seiner Schüler sind dabei in Verruf geraten. Heute steht fest, dass solche Urteile nicht nur in höchstem Maße ungerecht sind, sondern auch die Verantwortung Bruckners für die Revisionen massiv unterschätzen. Unter Bruckners Schülern genossen vor allem die Brüder Josef und Franz Schalk sowie Ferdinand Löwe, allesamt hochbegabte Musiker und loyale Verehrer ihres Lehrers, sein sehr weitgehendes und vollkommen berechtigtes Vertrauen. Bruckner, um den Altersunterschied ganz unbekümmert, hatte schon in Linz kein Problem darin gesehen, das Kompositionshandwerk bei dem um zehn Jahre jüngeren Otto Kitzler zu lernen, und er scheute sich auch später nicht, den noch viel jüngeren Uraufführungs-Dirigenten des *Parsifal*, Hermann Levi, als seinen «erhabenen, künstlerischen *Vater*» zu bezeichnen (Briefe 2, 21). Die jungen

Leute um Bruckner, unter ihnen zeitweilig auch kein Geringerer als Gustav Mahler, können zudem keineswegs als Anwälte eines konservativen Publikumsgeschmacks und Fürsprecher wohlfeiler ästhetischer Konzessionen angesehen werden. Die Umarbeitungsprozesse, in die Bruckner sie zusehends einbezog, ließen sich schließlich sogar weitgehend an sie delegieren (so im Finale der Dritten Sinfonie an Franz Schalk), wobei Bruckner anschließend das Resultat gründlich durchsah, gegebenenfalls nochmals änderte und schließlich autorisierte. Heute weiß man, dass dies auch bei der umstrittenen Druckfassung der Vierten Sinfonie der Fall gewesen ist, die man früher allein der Eigenmächtigkeit Ferdinand Löwes zugeschrieben hatte. Es besteht also auch kein Grund dazu, jene Änderungen, die nachweislich auf Vorschläge der Schüler zurückgehen, wieder zurückzunehmen (wie den Beckenschlag im Adagio der Siebten Sinfonie). Selbst wenn drastische Revisionen – etwa der scheinbar ganz gegen Bruckners sinfonisches Gesamtkonzept verstoßende, weil düster und leise endende Schluss im Kopfsatz der Achten Sinfonie – erst durch beharrliches Argumentieren der Schüler förmlich erzwungen sein mögen: Es zählt die Tatsache, dass Bruckner sie nicht nur ausdrücklich genehmigte, sondern sie sich völlig zu eigen machte. Dass sich dabei der Kompositionsprozess bisweilen vom Autor weg geradezu auf einen Werkstattbetrieb zu verschieben scheint, bedeutet keine Nivellierung der Autoreninstanz. Lediglich die ganz ohne Einbeziehung Bruckners redigierten Erstdrucke der Fünften, der Sechsten, der Achten und der Neunten Sinfonie können nicht den Rang einer Autorfassung beanspruchen.

Das offizielle Anton-Bruckner-Werkverzeichnis (WAB) führt bis heute alle Fassungen eines Werks unter derselben WAB-Nummer auf. Um der Übersichtlichkeit willen sollte man sich daher für die Identifizierung der unterschiedlichen Fassungen auf eine klare Nomenklatur einigen. In der Regel wird sie durch einfache Beifügung einer Jahreszahl erreicht (am Beispiel der Dritten etwa: «Fassung 1873», «Fassung 1877», «Fassung 1889»), auch wenn dies nicht in jedem Falle die Bearbeitungschronologie exakt widerspiegelt (in der «Fassung 1872» der Zweiten Sinfonie sind beispielsweise auch Revisionen von 1873 enthalten, während die «Fassung 1877» für den Druck 1891 nochmals gründlich durchgesehen wurde). Nur im Falle der Ersten hat sich eine ausdrückliche namentliche Benennung, also die Unterscheidung einer «Linzer» und einer «Wiener» Fassung eingebürgert. Doch weist die heute so genannte «Linzer» Fassung der Ersten erhebliche, erst 1877 in Wien vorgenommene Revisionen auf, während die eigentliche Frühfassung des Werks (aus dem Jahre 1866) nur aus dem Stimmenmaterial der Linzer Erstaufführung von 1868 zu rekonstruieren ist. Die späte «Wiener» Fassung hingegen hat Bruckner erst nach der abgeschlossenen Revision aller früheren Sinfonien erarbeitet, woraus sich die willkommene Gelegenheit ergab, der Wiener Universität 1891 ein «neues» Werk als Dank für die Verleihung des Ehrendoktorats zu widmen.

Insgesamt kann man also mehrere Qualitäten von Bearbeitung unterscheiden: solche, die (wie im Fall der Achten) sehr dicht oder (wie im Fall der jeweils zweiten Fassungen der Dritten und der Vierten) noch relativ nah am Zeitpunkt der Komposition liegen, und solche, die mit der ganzen Apparatur der inzwischen gewonnenen Erfahrung auf das frühere Stadium einen gänzlich veränderten Stil applizieren (so in der Ersten sowie in den letzten Fassungen der Dritten und der Vierten). Es liegt auf der Hand, dass ästhetische Werturteile hier vermieden werden sollten, obwohl für Bruckner selbst zweifellos die jeweils letzte Fassung die beste war: In allen späteren Fassungen halten sich Gewinn und Verlust die Waage, weil die Verbesserungen der Instrumentation und der formalen Proportionierung nicht selten auf der anderen Seite den herben Charme früherer Kühnheiten getilgt haben. Wer Bruckners Entwicklung überschauen will, muss daher die Frühfassungen zur Kenntnis nehmen. Und es darf nicht vergessen werden, dass auch die umstrittenen Erstdruckfassungen unabhängig vom Grad ihrer Sanktionierung durch Bruckner in Betracht gezogen werden sollten, weil sie – nicht zuletzt durch ihre Fülle an Tempomodifikationen – die zeitgenössische Aufführungspraxis dokumentieren und es daher heute ermöglichen, die musikalische Grundlage der frühen Bruckner-Kritik zur Kenntnis zu nehmen. In seinen letzten Jahren konnte Bruckner gelassen einer verständnisvolleren Nachwelt entgegensehen. Dass manche seiner ausladenden Imaginationen, etwa das Finale der Achten Sinfonie, «nur späteren Zeiten und zwar für einen Kreis von Freunden und Kennern» (Briefe 2, 114) zuzumuten seien, war niemandem klarer bewusst als dem Komponisten selbst. Aus diesem Grund war er für aktuelle Aufführungen durchaus zu pragmatischen Kürzungen bereit; aus demselben Grund aber auch vermachte er die Quellen der intakten Fassungen testamentarisch der kaiserlichen Hofbibliothek (heute Österreichische Nationalbibliothek).

Aufschlussreich sind die Fassungen also nicht zuletzt durch ihr Verhältnis zu Bruckners sinfonischem Gesamtkonzept. Sein besonderes Kompositionsverfahren erleichtert diese Art der Revisionen, denn das parataktische Gefüge erträgt sorgsam kalkulierte Streichungen, Einfügungen oder Ersetzungen, ohne Schaden zu nehmen. Insofern verfolgt auch die Strategie der jeweiligen Umarbeitung selbst dann, wenn Bruckner Rat und Hilfe von dritter Seite in Anspruch nahm, jene Idee dramaturgischer Perfektionierung, die sein sinfonisches Lebensprojekt durchgängig prägt. Die Fassungen mögen ein philologisches Problem darstellen, ein ästhetisches sind sie jedoch nicht. Weil sie zu Werkgestalten von jeweils nur zeitweiliger Gültigkeit führten, bringen sie den starren Begriff des musikalischen Kunstwerks auf faszinierende Weise in Bewegung. Die Differenzen ihrer Bearbeitungsstufen entsprechen auf der Ebene des Einzelwerks den Unterschieden der Sinfonien im Gesamtschaffen. Sie werfen daher ebenso wie diese ein bezeichnendes Licht auf die Steuerungsfunktion des vorfixierten Ordnungssystems und stellen dessen mögliche Erscheinungsformen dar: Realisieren die verschiedenen Sinfonien ein und dasselbe Konzept, so realisieren die unterschiedlichen Fassungen ein und dasselbe Werk.

II. Die Sinfonien

Erster Versuch als «Schularbeit»: Studiensinfonie (f-Moll), WAB 99

In der ersten Hälfte des Jahres 1863, in dessen Sommer Bruckner seinen Kompositionsunterricht bei Otto Kitzler abschloss, musste (oder durfte) sich der Schüler mit der Annäherung an die Sinfonie befassen. Das Ende des «Kitzler-Studienbuchs» enthält mehr als zwei Dutzend Motive für einen Sinfonie-Beginn, unter denen der erste (vom 7. Januar 1863) insofern interessant ist, als er als einziger eine langsame Einleitung vorsieht. Bekanntlich war dies für den späteren Bruckner, mit der Ausnahme der Fünften Sinfonie, keine Option mehr. Danach folgen unter dem Titel «Motive» weitere, mit römischen Ziffern durchnumerierte mögliche Anfänge; alle stehen sie in d-Moll. Erst nach dem 20. Versuch erweitert sich der Tonartenkreis, und der 25. Vorstoß schließlich zeigt den Beginn der späteren f-Moll-Sinfonie (KStB, 314). Offenbar haben Lehrer und Schüler ihn sogleich als für die weitere Ausarbeitung geeignet befunden; jedenfalls folgen unmittelbar darauf Skizzen für weitere Sätze. Die eigentliche Ausführung erfolgte dann im Frühjahr 1863 nicht mehr im Studienbuch, sondern in einem separaten Manuskript, das den zunächst noch sehr vorsichtigen, dann aber immer sicherer werdenden Komponisten (und nur wenige Einträge Kitzlers) erkennen lässt. Am 15. Februar begonnen, war diese erste Sinfonie Anton Bruckners am 26. Mai 1863 zu Ende komponiert und wurde, wie Bruckner in seinen Studienmaterialen vermerkt, im Juli zusammen mit der anderen Abschlussarbeit, dem 112. Psalm, endgültig «beschlossen» (KStB, 325). Erst auf einer späteren Abschrift hat der anfänglich sicherlich stolze Komponist sie eigenhändig als «Schularbeit» qualifiziert.

Es fällt nicht ganz leicht, sich bei der Werkbetrachtung der Suggestion, die von Bruckners späteren Sinfonien ausgeht, als einem Vergleichsmaßstab zu entziehen. In der Tat wird man einige typische Merkmale «der» Bruckner-Sinfonie feststellen, die schon hier vollkommen ausgeprägt sind. Zu ihnen gehört weniger die Tatsache der Abfolge von vier Sätzen, an der Bruckner bis zuletzt festgehalten hat, als vielmehr der Umstand, dass die Sonatenform der Ecksätze bereits die charakteristische trithematische Struktur aufweist und dass die Form des Scherzos von Anfang an feststeht. Andererseits ist von der überwältigenden Wagner-Erfahrung, unter deren Eindruck Bruckner um diese Zeit gestanden haben muss, fast noch nichts in die eigene Musik eingegangen. Der Tonfall des Werks erinnert vielfach an die Sinfonik Mendelssohns und Schumanns – dies allerdings auf einem außerordentlich hohen Niveau: Das Urteil des Lehrers, der sich später erinnerte, die Abschlussarbeit seines Schülers «nicht besonders inspiriert» gefunden zu haben (Kitzler 1904, 30), ist nicht wirklich nachvollziehbar. Auf einige wenige Stellen mag es vielleicht zutreffen, viele andere hingegen sind von frappierender Originalität.

Zu diesen etwa zählt der hinreißende Abschluss des Kopfsatzes, der mit einer von Blechbläserfanfaren sekundierten Klangkaskade von herabstürzenden Sequenzen und Wiederholungen des eintaktigen Kopfmotivs gestaltet wird. Das ist deshalb so bemerkenswert, weil diese ultimative Reduktion des Hauptthemas auf seinen Kern, hier das Motiv des ersten Takts, einerseits später zu Bruckners dramaturgischem Standardrepertoire gehören wird, andererseits an dieser Stelle aber noch als das Resultat eines stringenten thematischen Prozessdenkens erscheint, das Bruckner schon bald hinter sich lassen sollte. Insofern wird man bei fast allen Einzelheiten auf eine eigentümliche Mischung der Parameter stoßen: solche, die Bruckner später systematisch ausbauen, und solche, die er nach anfänglich geradezu mustergültiger Absolvierung später ebenso planvoll abstoßen wird. Man kann das exemplarisch am Hauptthema und dem aus ihm abgeleiteten Prozess zeigen. Das vierzehn Takte umfassende Thema zeigt eine klare Syntax aus zwei sich ergänzenden Phrasen, die sich ihrerseits in zwei komplementäre Hälften gliedern. Es ist für seine prozessuale Verarbeitung geradezu prädestiniert (und daher wohl auch aus den Studienbuch-Motiven ausgewählt worden), weil es in fast didaktischer Klarheit mehrere Motivbestandteile vereint, in die es später zerlegt werden kann: in der ersten (leisen) Hälfte der Anfangsphrase einen rhythmisch mit höchster Charakteristik gespannten ersten Takt (diesem Motiv wird am Schluss die Hauptrolle zukommen) und eine daraus hervortretende Folge von Staccato-Vierteln, dann in der zweiten (lauten) Phrasenhälfte, in scharfem Kontrast dazu, eine ins Fortissimo ausbrechende akkordische Kadenzformel des vollen Orchesters. Nach dieser ersten Phrase folgt eine rhythmisch und klanglich genau gleich gebaute zweite Phrase, die das Ganze zu dem symmetrischen Gebilde einer fast klassischen Periode zusammenzwingt. Doch eben nur fast: Die beiden Hälften des Themas umfassen erstaunlicherweise je sieben (und nicht acht) Takte, die allerdings in einer symmetrischen Gestalt von gerader (wenn auch unorthodoxer) Taktanzahl aufgehoben werden, und das Ende dieser vierzehntaktigen Periode kadenziert nicht in der Tonika, sondern mündet in eine für das Folgende geöffnete Dissonanz.

In der Durchführung arbeitet Bruckner die motivischen Bestandteile dieses Themas mit allen klassischen Techniken der Abspaltung und Sequenzierung regelrecht ab: in der ersten Hälfte zunächst die Folge aus Staccato-Achteln, dann in einer zweiten Hälfte die akkordische Kadenzformel. All dies geschieht unter fast vollständiger und dadurch beredter Aussparung des ersten Thementakts. Dieser wird in höchst spannungsreicher Weise erst für die Herbeiführung der Reprise eingesetzt, die daher mit bezwingender Wirkung und großer Folgerichtigkeit aus ihm hervorgeht (T. 364). Der spektakuläre Schlussauftritt dieses Themenkopfs ereignet sich dann schließlich, wie erwähnt, in der Coda als letzte Station einer Kette von Steigerungsstufen: Der Satz endet in höchster Fortissimo-Klanggewalt mit demselben eintaktigen Motiv, mit dem er im Pianissimo begonnen hatte. Dieser Schluss zeigt bereits jene überaus charakteristische Gestaltung des Satzhöhepunkts, der das auf seinen motivischen Kern reduzierte, von strahlender Fanfarenbegleitung getragene Hauptthema aus einer durch Stauungen und Retardationen gespannten Steigerungswelle hervorbrechen lässt. Der entscheidende Unterschied zum späteren Konzept besteht nur darin, dass Bruckner diese Idee hier noch einer geradezu traditionellen sinfonischen Diskurs- und Prozesslogik anvertraut, von der er sich später emanzipiert.

Tribute an Konvention und Tradition verweben sich aufs Engste mit jener auf den späteren Stil vorausweisenden Experimentierlust und Originalität, die diese «Schularbeit» als Studienobjekt so außerordentlich faszinierend macht. Die Sonatenform des Kopfsatzes ist fast schon ganz Bruckners eigene: Hauptthema, Gesangsperiode (T. 85) und Schlussgruppe (T. 146) sind, auch ihrem ausgeprägten Charakter nach, als die obligaten drei Themenfelder bereits vorhanden, und wie nicht selten in Bruckners späteren Sinfonien tritt danach noch ein überzähliges, die Exposition zu einem ruhevollen Abschluss bringendes und in der Reprise nicht wiederkehrendes viertes Themenfeld auf (T. 180), das im vorliegenden Fall auf raffinierte Weise die rhythmische Kontur des abwesenden Hauptthemenkopfs in Erinnerung ruft. Zum ersten und letzten Mal in Bruckners Sinfonik wird die Wiederholung der Exposition ausdrücklich vorgeschrieben. Die Reprise, die alle drei Themen (T. 364, T. 432, T. 493) verkürzt wiederkehren lässt, überspringt das vierte Themenfeld zugunsten eines unmittelbaren Übergangs in die Coda (T. 511), die ihrerseits bereits tief in das Arsenal der später so klug eingesetzten Steigerungsmittel greift: spannungserzeugende Generalpause (T. 570) und retardierender *p*-Einschub zwischen zwei *ff*-Klangblöcken (T. 603–606).

Das Finale ist, wie immer bei Bruckner, im Prinzip ähnlich gebaut, weist aber einige Züge auf, die nicht etwa als Ungeschicklichkeiten, sondern als frühe Indizien für ein bewusstes Ansteuern einer eigenen Finale-Konzeption gedeutet werden sollten. Es beginnt sogleich mit voller Kraft und ebenfalls mit einem Thema, von dem für den späteren Satzverlauf und für die Schlussgestaltung nur der rhythmisch prägnante erste Takt, also der motivische Kopf, gebraucht wird. Ein lyrisches Seitenthema, die übliche Gesangsperiode, schließt sich an (T. 60), wie auch schon im Kopfsatz in der an dieser Stelle üblichen Dur-Parallele

As-Dur, und eine mit neuer dynamischer und motivischer Energie versehene Schlussgruppe (T. 92) macht am Ende der Exposition dem überzähligen und dadurch gleichsam «exterritorialen» vierten Themenfeld Platz. Auch hier wird, zum letzten Mal, ausdrücklich die Wiederholung der Exposition verlangt. Die Durchführung stützt sich in schulbuchgerechter Erfüllung des Gebots zu motivisch-thematischer Arbeit fast ausschließlich auf den rhythmisch prägnanten Kopf des Hauptthemas; im Zentrum des Formteils probiert Bruckner sogar – noch weitaus weniger überzeugend als in seinem reifen Sinfoniestil – die aus der Kontrapunkttradition stammenden Verfahren der rhythmischen Diminution aus (T. 182–200). Auffällig nach dieser ausführlichen Durchführung ist, dass die Reprise drastisch verkürzt erscheint: Nach dem Hauptthema und der Gesangsperiode geht sie unter Auslassung der Schlussgruppe und des überzähligen vierten Themenfelds direkt in die Coda über (T. 297). Man muss sich vor Augen führen, dass Bruckners Auffassung der Sonatenform sich diese scheinbare Gefährdung der Proportionen gut erlauben kann: Die Exposition bildet nach Lobes Terminologie den «ersten Teil» der Sonatenform, während Durchführung, Reprise und Coda zu einem weitaus längeren «zweiten Teil» zusammengefasst werden, der sich gegebenenfalls problemlos verkürzen lässt. Schon hier also wird sichtbar, dass eine solche Straffung zu Bruckners Finale-Konzeption gehört; am deutlichsten wird er später im Finalsatz der letzten Fassung der Vierten Sinfonie von demselben Mittel Gebrauch machen. Was im Kopfsatz eine Verstümmelung wäre, erfüllt im Finale durchaus eine sinnvolle Funktion: Nichts, auch keine formale Regel der Tradition, hält von diesem Punkt an mehr den Sog zum Ziel hin auf. Bemerkenswert ist nicht nur, dass Bruckner an diesem Ziel den motivischen Kopf des Finale-Hauptthemas vielfach wiederholt hervortreten lässt (seit der Dritten Sinfonie wird es an dieser Stelle dann das Kopfsatz-Hauptthema sein), sondern dass er diesen Vorgang am Beginn der Coda zusätzlich durch dessen rhythmische Vergrößerung einleitet (so wie er, fast analog, in der Coda des Kopfsatzes mit der rhythmischen Diminution des Hauptthemas gearbeitet hat). Die Sinfonie endet, nachdem die

Reprise des Seitenthemas diese Tonart regelkonform herbeigezwungen hat, in F-Dur, der strahlenden Dur-Variante der Tonika: Die um diese Zeit bereits fest etablierte *per-aspera-ad-astra*-Dramaturgie hat in dem frischgebackenen Sinfoniker Bruckner einen einstweilen überzeugten Jünger (und bemerkenswert geschickten Gestalter) gefunden.

Die beiden Binnensätze vereinen in sich ebenfalls konventionelle und höchst originelle Züge. Der langsame Satz (in Es-Dur) wird mit einem Thema eröffnet, das bereits erstaunlich weit auf den späteren Tonfall der Adagio-Themen vorausweist; auf dessen Erfindungshöhe kann sich der Satz im weiteren Verlauf freilich nicht halten: Das zweite Thema (in der Dominante) und zumal der mit eigener Thematik ausgestattete Mittelteil (in g-Moll) sind gefällig, aber reichlich konventionell. Doch die Satzform stellt die erste Stufe eines konsequenten Wegs zu der nur Bruckner eigenen satzspezifischen Modifikation der Sonatenform dar: hier noch als Überblendung der Sonatenform (reguläre Exposition und Reprise) mit der A-B|-C-|A-B-Bogenform, die statt der Durchführung einen thematisch eigenständigen Kontrastteil aufweist (siehe Tabelle A). Das originelle Scherzo (in c-Moll) ist, wie bereits angedeutet, der Satz, dessen Form bereits feststeht und im Prinzip nicht mehr verändert werden wird. Seine monothematische Sonatenform entstammt bruchlos der Gattungstradition (Beethoven, Schubert), und der auffälligste Unterschied zu Bruckners späteren Scherzosätzen liegt darin, dass der erste Teil, also die Exposition, hier nicht in die Dominante moduliert, sondern in der Tonika schließt. In diesem Stadium werden noch beide Teile wiederholt, was Bruckner zum letzten Mal in der ersten Fassung der Zweiten Sinfonie verlangen wird.

Trotz Kitzlers reserviertem Urteil, über das Bruckner «gekränkt» war (Kitzler 1904, 30), versuchte der Komponist das Werk zur Aufführung zu bringen. Auf einer Reise nach München legte er es im Herbst 1863 dem dortigen Hofkapellmeister Franz Lachner vor, der es gelobt haben soll (Briefe 1, 37). Noch für 1865 ist ein ähnlicher Versuch bezeugt, den Wiener Freund Rudolf Weinwurm zu einer Aufführung zu bewegen (Briefe 1,

49ff.). Bruckner hat dieser reizvollen Sinfonie, von der er sogar eine Abschrift anfertigen ließ, bis zuletzt eine gewisse Anhänglichkeit bewahrt, indem er sie im Gegensatz zu manch anderer früher Komposition nicht vernichtete. Aber differenziert hat er doch: Während er bei seinem Tod die Manuskripte der als gültig erachteten Werke demonstrativ der kaiserlichen Hofbibliothek (heute Österreichische Nationalbibliothek) vermachte, gelangte das Autograph der f-Moll-Sinfonie in das Archiv des Stifts Kremsmünster, und die Abschrift (auf deren Titelblatt er das Werk eigenhändig als «Schularbeit» qualifiziert hatte) kam auf Umwegen in die Wiener Stadtbibliothek.

Der «kecke Besen»: Sinfonie Nr. 1 (c-Moll), WAB 101

Im Januar 1865 begann Bruckner mit der Komposition seiner Ersten Sinfonie – und zwar mit dem Finale. Was auch immer der Grund für diese unorthodoxe Reihenfolge der Arbeitsschritte sein mag (siehe Tabelle B): Das mittlerweile die sinfonischen Nachfolger Beethovens schwer belastende «Finale-Problem», mit dem sich zur selben Zeit etwa Brahms in seiner Ersten plagte, konnte sich so erst gar nicht stellen. Allerdings war damit die für Bruckner später so charakteristische Lösung noch unrealisierbar, die den Finalsatz-Abschluss mit der gesteigerten Wiederkehr des Kopfsatz-Hauptthemas krönte. Dennoch verfolgt dieser Finalsatz bereits eine stringente Dramaturgie, die einige für Bruckner typische Verfahren erkennen lässt: Das Hauptthema des Satzes verfügt über ein rhythmisch scharf profiliertes Kopfmotiv, und ausschließlich dieser erste Takt ist es, dessen Rhythmus im Verlauf des Satzes – und vor allem an seinem Schluss – als Katalysator wie als Ziel des Entwicklungsprozesses agiert. Der Satz ist umfangreich und doch übersichtlich, weil er sich die Zeit nimmt, in allen Formabschnitten die Expositionsthemen, deren Dreizahl schon seit der «Studiensinfonie» fester Bestandteil der Bruckner'schen Sonatenformauffassung ist, ausführlich vorzustellen (Exposition), variierend durchzuarbeiten (Durchführung) und gestrafft zu wiederholen (Reprise), und zwar jeweils streng in der einmal exponierten Reihenfolge.

Natürlich erreicht der Satz am Ende das, was um diese Zeit als Ziel einer c-Moll-Sinfonie zu erwarten war: einen Abschluss in strahlendem C-Dur.

Der erste Satz, den sich Bruckner erst im März desselben Jahres vornahm, nachdem er bereits ein (später wieder verworfenes) Scherzo skizziert hatte, scheint auf dieses Finale insofern zugeschnitten, als ein Bemühen um motivische Verknüpfungen und Vorwegnahmen zu erkennen ist: Die dritte Themengruppe der Exposition spielt im Bläsersatz sehr deutlich auf den charakteristischen Rhythmus des Finale-Hauptthemas an («Linzer Fassung»: T. 67/«Wiener Fassung»: T. 65), und diese Gestaltähnlichkeit wird bei der Reprise derselben Stelle sogar noch verstärkt (LF: T. 267/WF: T. 257). Wenn man will, kann man also eine Entwicklungsspur dieses Motivs erkennen, die das Werk vom Kopfsatz her übergreift und im Finale an die Oberfläche tritt. Aber dies ist mehr angedeutet als wirklich realisiert, und entsprechend verfolgt der Kopfsatz denn auch mit seinem eigenen Hauptthema seine eigene Agenda der Steigerung. Auch hier ist es ausschließlich der (ebenfalls sehr charakteristisch geprägte) Rhythmus des Hauptthemas und nicht seine melodische Kontur, die den Prozess trägt. Die Exposition dieses Themas zeigt einige Charakteristika, die Bruckner ähnlich auch noch in der Dritten und der Vierten verwenden sollte: Das Thema hat ein klares motivisches Profil, und nur dieses (sein Kopfmotiv) wird für alles Weitere entscheidend sein, aber es zielt bei seiner Exposition auf einen motivisch ganz anders gestalteten dynamischen Höhepunkt (in beiden Fassungen: T. 18), dessen streicherbetonte (und von den Bläsern rhythmisch kontrapunktierte) Bewegungsfigur in der dritten Themengruppe wiederkehrt. (In der nächsten Sinfonie – der «Annullierten» – wird Bruckner aus genau dieser Bewegungsfigur sogar deren Hauptthema formen.) Die Exposition zielt am Ende der dritten Themengruppe auf ein hymnisches, sieben (!) Takte umfassendes Bläserthema, dessen Tonfall an die *Tannhäuser*-Ouvertüre erinnert. Eigenartigerweise kehrt es in der Reprise nicht wieder; dafür wird aber der gesamte erste Teil der Durchführung mit ihm bestritten. Das Ende der Exposition (für Bruckners Formauffassung: das Ende des «ersten Teils») versenkt sich – wie stets von nun an – in völlige Ruhe; es wird in der Partitur mit einem Doppelstrich markiert.

Diese Gliederung durch Doppelstriche (und hier sogar, wie auch noch in der Zweiten Sinfonie, durch die Vorschrift zur Wiederholung der Formteile) prägt auch das Scherzo (in g-Moll), das Bruckner nach dem Abschluss des Kopfsatzes neu komponierte und, wie ebenfalls in dieser frühen Phase noch typisch, mit einer eigenen, nach dem *da capo* des Scherzos zu spielenden Coda versah. Am Adagio (in As-Dur), dem Satz, den Bruckner im Frühjahr 1866 zuletzt komponierte, ist sehr schön die konsequente Entwicklung dieses Satzkonzepts zu studieren. Seine dreiteilige Anlage überblendet in der für den frühen Bruckner charakteristischen Weise Lied- und Sonatenform (siehe Tabelle A). Die Satzdramaturgie sieht ein enorm gesteigertes und dann verklärt ins Pianissimo versinkendes Ende vor, wie es für Bruckners spätere Adagio-Sätze, wenngleich in vielfach erweiterter Dimension, typisch werden wird. Die Quellen zeigen jedoch, dass diese dramaturgisch bestechende Idee sich erst spät einstellte: Ursprünglich hatte Bruckner bereits den ersten A-Teil auf die gewaltige hymnische Steigerung hin angelegt, offenbar dann aber die Pointe erkannt, die in der Aufsparung dieser Idee für den Schluss unbestreitbar liegt, und danach das Ende des ersten A-Teils entsprechend gekürzt sowie den Beginn des Mittelteils umgearbeitet. Aus den dabei ausgeschiedenen Teilen des Manuskripts allerdings eine «ursprüngliche Fassung» des Adagio-Satzes zu rekonstruieren, wie es die Gesamtausgabe (Ergänzungsband zu NGA I/1, Wien 1995) tut, heißt eine Version zu postulieren, die in dieser Form für Bruckner zu keiner Zeit Gültigkeit besaß.

Bruckner legte die noch unfertige Sinfonie im Frühsommer 1865, als er zur Uraufführung von *Tristan und Isolde* in München weilte, dem Dirigenten dieser Premiere, Hans von Bülow, vor, der sich lobend geäußert haben soll (Briefe 1, 163) – bemerkenswert, denn Bülow, der um diese Zeit immerhin auch die persönliche Bekanntschaft mit Wagner vermittelte, gehörte später zu den schärfsten Kritikern Bruckners: Das böse Wort vom

«Halbgenie + Halbtrottel», das seit der Mitte der 1880er Jahre schnell die Runde machte, geht auf sein Konto (BrHb 2010, 108). Das fertige Werk konnte Bruckner am 9. Mai 1868 im Linzer Redoutensaal unter eigener Leitung zur Aufführung bringen; das war ein lokaler Achtungserfolg, der sich allerdings weder in Linz noch in Wien wiederholen ließ. Diese eigentliche «Linzer Fassung», die nur noch aus den Orchesterstimmen rekonstruierbar ist, hat Bruckner später 1877 in Wien ein erstes Mal sorgfältig durchgesehen und dann 1890/91 für den in Aussicht stehenden Druck nochmals gründlich revidiert.

Die späte Herstellung der «Wiener Fassung», für die Bruckner ein ganz neues Manuskript anlegte, war überhaupt sein letztes Umarbeitungsprojekt am Ende der zweiten großen Revisionswelle (siehe Tabelle C); es nahm ihn, im März 1890 begonnen, ein ganzes Jahr in Anspruch. Auf den ersten Blick wirken die Änderungen – jedenfalls im Vergleich zu den unmittelbar vorangegangenen, oft geradezu rabiaten Umarbeitungen der Dritten, der Vierten und der Achten Sinfonie – marginal. Sie scheinen lediglich winzige Umfangsdifferenzen zu betreffen; nur im Scherzo gibt es einen (übrigens ganz untypischen) Eingriff, indem die Überleitung zum *da capo* nach dem Trio neu komponiert und dabei die Scherzo-Wiederholung um ihre ersten acht Takte gekürzt wurde. Doch diese rein äußerliche Beobachtung täuscht. Die Eingriffe, so klein sie dem oberflächlichen Blick auch scheinen mögen, sind einschneidend. Das sei an der Behandlung des Kopfsatz-Hauptthemas exemplarisch dargestellt. Dieses am Satzbeginn vor der Folie eines marschartigen Viertelrhythmus energisch ausholende Thema bestimmt, wie für Bruckners Sinfonien typisch, am Ende des Kopfsatzes das Geschehen durch Vervielfachung und Klangverstärkung – beides in dieser Klarheit aber erst in der «Wiener Fassung», in der vor dem Eintritt der Coda das Thema deutlich wahrnehmbar zusätzlich in die Trompetenstimme eingefügt wurde (WF: T. 310–316), während an dieser Stelle in der «Linzer Fassung» lediglich eine die Bewegung forcierende neutrale Fanfare zu hören war (LF: T. 319–323). Und die am Schluss hervorbrechende Klangkaskade, mit der das Hauptthema wie schon in der «Studiensinfonie» den fulminanten Abschluss des Satzes regiert, wurde erst in der «Wiener Fassung» effektvoll und klangstark mit zwei Trompeten verdoppelt (WF: T. 332 ff.). Noch interessanter, weil sehr viel tiefer greifend, sind die Manipulationen dieses Themas am Beginn des Satzes. Der charakteristische, den Marschrhythmus exponierende Eingangstakt kam erst in der Revision von 1877 hinzu. Scheinbar schafft er nun nachträglich den (bisher fehlenden) für Bruckners Sinfonie-Anfänge so typischen «Introitus» eines unthematischen «Vorhangs», hinter dem dann erst das Hauptthema hervortritt. Aber dies war gar nicht die Absicht der Änderung. Vielmehr störte es den seit 1876 verstärkt auf metrische Balance achtenden Komponisten, dass das auftaktige Thema auf einen Beginn mit einem leichten (statt schweren), nämlich zweiten (statt ersten) Takt zielte, und setzte kurzerhand einen Takt davor, so dass nun die Zählung einen zweitaktigen «Vorhang» von einer schweren (mit einem ersten Takt beginnenden) Themenexposition abtrennen konnte. Selbstverständlich musste dieser Eingriff am Beginn der Reprise wiederholt werden: Hier fügte Bruckner 1877 ebenfalls einen zusätzlichen Takt ein, den er mit einem Paukenwirbel füllte (LF: T. 199); erst 1891 versah er dann diesen eingefügten Takt konsequenterweise auch noch mit dem signifikanten Marschtritt des Viertelrhythmus. Dafür nahm seine Taktgruppenzählung an beiden Stellen eine aus der metrischen Umgewichtung resultierende siebentaktige Überleitungsgruppe in Kauf (T. 11–17 bzw. T. 209–215), weil ihm die Anfänge thematisch relevanter Taktgruppen (T. 18 ff. bzw. T. 216 ff.) mit einem schweren ersten Takt das wichtigere Qualitätskriterium waren. Es ging ihm also nicht um die nachträglich ohnehin nicht konsequent herzustellende Taktgruppenquadratur, sondern um die korrekte Plazierung der metrischen Gewichte. Noch entscheidender aber ist, dass Bruckner am Beginn der «Wiener Fassung» schließlich auch noch die Basslinie änderte: Sie hatte bei der Überarbeitung von 1891 dafür zu sorgen, dass nun auch die Harmoniewechsel konsequent auf schwere ungerade statt auf leichte gerade Takte fielen. Nach diesem Prinzip unterzog Bruckner alle vier Sätze einer akribischen Kontrolle, strich hier einen Takt, fügte dort einen ein. Die Proportionen wurden mithin kaum verändert, aber es wurden überall die metrisch-harmonischen Gewichte präzis nachjustiert. Nach dieser letzten seiner großen Revisionen konnte Bruckner die erstaunliche Behauptung wagen, alle seine Werke seien «auf wissenschaftlich-contrapunctischer Grundlage» komponiert (Briefe 2, 142).

Der erfahrene Sinfoniker Bruckner unterwarf also 1890/91 seinen sinfonischen Erstling, ein Vierteljahrhundert nach dessen Entstehung, den strengen Kriterien seines reifen Sinfonie-Konzepts. Daher sind zwei Tendenzen für diese späte Umarbeitung besonders bezeichnend. Die erste drückt sich darin aus, dass die thematische Dramaturgie eine Verdeutlichung erfuhr, indem in den Ecksätzen die Anspielungen auf das Hauptthema (bzw. seinen charakteristischen Rhythmus) nach Möglichkeit vermehrt wurden, die zweite darin, dass die Zahl der (für Bruckners frühe Sinfonien durchaus charakteristischen) ungeradzahligen Taktgruppen sich drastisch verringerte: von 42 % in der «Linzer» auf 25 % in der «Wiener Fassung» (Grandjean 2001, 137). Mit der sinnfälligen Verstärkung der thematischen Substanz an der Oberfläche einerseits und der bis in die Tiefenstruktur reichenden metrisch-harmonischen Kontrolle andererseits wurde das Werk so weit wie möglich an das seither über viele Sinfonien hinweg gewachsene Gesamtkonzept angepasst, freilich ohne in ihm ganz glatt aufgehen zu können. Den Eindruck unbekümmerter Frische, den in der Fassung von 1866 schon gleich das Eröffnungsthema mit seiner unorthodoxen Metrik und der holzschnittartigen Linearität seiner Bassführung demonstrierte, hat der Komponist bei der ersten Revision von 1877 zunächst noch behutsam und dann 1891 sehr nachdrücklich gemildert. Hinzukommen zahlreiche Detailänderungen am Klang, also an der Instrumentation.

Bruckner pflegte seine Erste Sinfonie im Alter gern als «kecken Besen» zu bezeichnen (Briefe 2, 71); das klingt nicht zufällig wie der zärtliche Rückblick auf eine frisch gebliebene Jugendliebe. Und es trifft genau, was diese sorgfältige Überarbeitung, mit der Bruckner immerhin ein ganzes Jahr zubrachte, so anrührend wie faszinierend macht: Mit der «Wiener Fassung» seiner Ersten Sinfonie hat der Komponist durch Hunderte von zielsicheren Änderungen sein forsches «Beserl» (Briefe 2, 73, 122), ohne ihm seinen jugendlichen Charme zu nehmen, so weit gesellschaftsfähig gemacht, dass es für die Widmung an die erlauchte Wiener Universität geeignet schien. So konnte sich der Kreis auf fast schon paradoxe Weise schließen: Die Ehrendoktoratsurkunde, die ausdrücklich das Lebenswerk des Komponisten auf dessen eigenen Wunsch hin «als Symphoniker» würdigte (Briefe 2, 153), wurde mit dem 25 Jahre alten Werk des euphorischen sinfonischen Aufbruchs quittiert. In dieser Fassung wurde das Werk am 13. Dezember 1891, überhaupt zum ersten Mal seit der Linzer Premiere von 1868, in Wien unter der Leitung Hans Richters erfolgreich aufgeführt (und 1892 gedruckt). Unmittelbar nach dieser langen und geduldigen, Umsicht und Abgeklärtheit in jedem Detail verratenden Arbeit nahm Bruckner endlich das große Projekt seines Lebensabends, die seit Jahren liegen gebliebene Neunte Sinfonie, mit voller Kraft wieder auf.

Die ursprüngliche Nr. 2: Die «Annullierte» Sinfonie (d-Moll), WAB 100

Nach der Ersten Sinfonie in c-Moll schrieb Bruckner das nächste Werk offenbar sehr absichtsvoll in der zweiten der beiden Moll-Tonarten, die sich in Beethovens Sinfonien finden: in d-Moll. Zwischen dem 24. Januar und dem 12. September 1869 hauptsächlich in Wien, teilweise aber auch während der Sommerferien in Linz komponiert, wurde das Werk im Autograph mit der Überschrift «Symphonie N° 2» versehen. Diese Numerierung hat Bruckner zu einem späteren Zeitpunkt durchstrichen und diese Streichung durch den Zusatz «annulirt» bekräftigt. Bis dahin aber war die «Annullierte» Bruckners gültige Zweite Sinfonie; keineswegs geht sie auf eine angeblich vor der Ersten komponierte Vorstufe zurück, wie früher manchmal ohne jede dokumentarische Evidenz vermutet wurde (dieser Irrtum hat zeitweilig zu ihrer absurden Zählung als «Nullte Sinfonie» geführt). Bruckner hat seine ursprüngliche Zweite bewusst als eine weitere Moll-Sinfonie und, wie auch schon in den vorangegangenen Werken, sorgfältig als auf das Finale hin orientierten Entwicklungszug mit einem grandiosen Dur-Schluss konzipiert.

Wie folgerichtig Bruckner mit diesem Werk an die Linzer c-Moll-Sinfonie anknüpft, sieht man an der Tatsache, dass er gleichsam deren Beginn weiterdenkt und aus ihm ein ganz neues Konzept für den Anfang gewinnt: In der Linzer Ersten Sinfonie ging das marschartige Hauptthema auf seinem dynamischen Höhepunkt in ein *ff*-Klangfeld über (dort T. 18 ff.), das eigentlich nichts anderes darstellte als eine Figuration des Moll-Dreiklangs in tremolierender Achtelbewegung der Streicher; in der dritten Themengruppe der Exposition kehrte es dann gesteigert wieder. Das Prinzip dieser eigentümlich konturlosen, aber dramaturgisch prominenten Streicher-Figuration übernimmt Bruckner nun, am Beginn natürlich dynamisch auf *piano* herabgestuft, als Hauptthema seiner d-Moll-Sinfonie. Man sollte sich vor Augen führen, wie originell und radikal diese Entscheidung ist: Was schon in der Linzer Sinfonie eher ein bloßes Klangfeld als ein wirkliches Thema war (es fungiert dort ja auch nur als Appendix des Themas und besitzt keine eigene gestalthafte Qualität), soll nun im neuen Kontext der d-Moll-Sinfonie nichts Geringeres als die Funktion des Auslösers erfüllen. Alles, was ein Bruckner'sches Sinfoniehauptthema normalerweise unverwechselbar macht, vor allem seine scharfe rhythmische Prägung, fehlt dem Anfangsthema der «Annullierten» in unerbittlicher Konsequenz. Auf dieses konturlose Gebilde den Fortgang einer Sinfonie zu bauen, stellt daher eine bespiellose Kühnheit dar. In der Schlussgruppe der Exposition kehrt die gestaltarme Streicherfiguration, nun durch den gesamten Klangapparat unterstützt, als drittes Thema wieder, in der Durchführung erscheint sie als deren Ziel und Höhepunkt, und in der Coda des Satzes wird mit ihr – über einem gewaltig anschwellenden chromatischen Bass-Ostinato nach dem Vorbild von Beethovens Neunter Sinfonie – die obligatorische, alles Vorangegangene in den Schatten stellende Schlusssteigerung inszeniert. Dass aber der Plan, eine derart wenig ausgeprägte Gestalt zum Gegenstand einer solchen Steigerung zu machen, nur auf Umwegen aufgehen kann, sieht man an dem verräterischen Detail, dass Bruckner in der Durchführung wie in der Coda des Satzes zu einem Mittel greifen muss, ohne das sich seine Absicht kaum realisieren ließe: Er muss einen mächtigen (jedoch unthematischen) Blechbläsersatz und zuletzt sogar eine (ebenfalls unthematische) schmetternde Trompetenfanfare aufbieten, um die enorme Steigerung bis zum dynamischen Schlusshöhepunkt plausibel erscheinen zu lassen. Dadurch ereignet sich die finale Kulmination aber, wie im Beginn eben angelegt, nicht als eine im strengen Sinn thematische, sondern als rein klangliche. In dieser Konsequenz liegt die Radikalität des Satzes. Genau das allerdings scheint für Bruckner im Fortgang seiner eigenen Entwicklung – darin dürfte ein Hauptgrund für die spätere Annullierung des Werks zu sehen sein – in dem Maße problematisch geworden zu sein, in dem sein Steigerungskonzept für die Ecksätze sich als ein dezidiert rhythmisch-thematisches herauszubilden begann. Der vergleichende Blick auf den Finalsatz der «Annullierten» macht das Dilemma sofort klar: Hier erfindet Bruckner in der Tat eines seiner starken, durch scharfe rhythmische Profilierung unvergesslichen Finale-Hauptthemen; und wenig verwunderlich ist es daher, dass ihm mit dieser Erfindung dann sowohl der Durchführungshöhepunkt als auch die äußerst raffiniert gestraffte Reprise sowie schließlich natürlich der Satzschluss, dem Steigerungskonzept gemäß, völlig überzeugend gelingt.

Beide Ecksätze zeigen die für Bruckner typische Drei-Themen-Struktur der Exposition. Im Kopfsatz folgt auf die Schlussgruppe (die, wie dargestellt, ihrerseits eine Steigerung des Hauptthemas ist) noch die für den Expositionsschluss charakteristische Beruhigungszone, die Bruckner hier durch die Vorschrift «Langsamer» eigens retardiert (T. 74) und durch eine Generalpause von der ebenfalls leise anhebenden Durchführung abgrenzt. Sie wird durch einen weihevoll-hymnisch intonierten Choralsatz geprägt (der auch am Ende der Reprise wiederkehrt) – eine Idee, die sich für die weitere Entwicklung von Bruckners Sinfoniekonzept als folgenreich erweisen wird. Der

Höhepunkt, zu dem danach die Durchführung das Hauptthema steigert, braucht bezeichnenderweise ebenfalls schon, wie später der Schluss des Satzes, den Einsatz von (unthematischen) Blechbläserfanfaren (T. 174 ff.), um die Entwicklung zum anvisierten dreifachen *forte* zu führen. Ihr Ende ist, wie in den frühen Sinfonien üblich, durch Bruckners typischstes Gliederungsmittel, die Generalpause, vom Reprisenbeginn abgesetzt. Hier erklingt nun, die spannungsvolle Erwartung auf das in d-Moll wieder eintretende Hauptthema weckend, eine kurze dominantische Holzbläserkadenz, die dadurch auffällt, dass ihr an späterer Stelle ein strukturell begründetes Echo antwortet: Vor dem Übergang in die (ebenfalls durch kurze Generalpause abgesetzte) Coda setzt Bruckner die Holzbläserkadenz ein zweites Mal ein (T. 280–284), nun aber ist sie um einige Takte länger und entpuppt sich zudem als fast wörtliches Zitat aus seiner Linzer d-Moll-Messe (Schluss des Kyrie, T. 119 ff.). Sie ist das erste Auftreten eines Selbstzitats im Kontext seiner Sinfonik, und es dürfte klar sein, dass es hier die gemeinsame Tonart beider Werke und, noch viel wichtiger, die syntaktisch analoge Funktion der spannungsvollen Kadenzierung ist, die Bruckner im Sinfoniesatz auf die Formel aus der eigenen Messe zurückgreifen ließ. Ob hier zusätzlich die Absicht zu religiöser Semantik ins Spiel kommt, bleibt der Spekulation überlassen.

Der Finalsatz, der die Idee der Steigerung grandios umsetzt, hat ausnahmsweise eine langsame Einleitung. Diese wird, weit entfernt davon, ein bloß dekoratives Element zu sein, in der Exposition des Satzes als Motivreservoir des Seitenthemas (also der Gesangsperiode) gebraucht, indem dessen pochende Triolenbewegung sich direkt auf die fließende 12/8-Fortschreitung der Einleitung zurückbezieht. Am Beginn der Durchführung wird die Einleitung erneut in Erinnerung gebracht, und sie ist es schließlich, mit der Bruckner – dessen intensives Nachdenken über finale Steigerungsideen damit endgültig deutlich wird – das besondere Schlusskonzept dieses Finalsatzes gestaltet. In der Coda nämlich erscheint als Ziel des Satzes nicht nur einfach die zu höchster Klangentfaltung getriebene Wiederkehr des Finale-

Hauptthemas, sondern diese in Kombination mit dem Seitenthema (bzw. dem Material der langsamen Einleitung): Die schließende Stretta des Satzes (T. 304 ff.) schichtet die thematischen Triolen und den Kopf des Finale-Hauptthemas übereinander. Beachtenswert ist, dass Bruckner hier wieder wie schon in der Ersten Sinfonie ein sinfonisches Thema am Ziel des Satzprozesses auf seinen zwei Takte umfassenden motivischen Kopf reduziert. Es ist allerdings – auch darin dem Verfahren der vorangegangenen Ersten ganz ähnlich – das Hauptthema des Finalsatzes und nicht des Kopfsatzes, dem dies widerfährt. Das Hauptthema des Kopfsatzes, das Bruckner spätestens in der Dritten Sinfonie als das eigentliche sinfonische Hauptthema behandeln wird, kann es im vorliegenden Fall schon allein deshalb nicht sein, weil dessen karges und nur mit unthematischen klanglichen Beihilfen zu realisierendes Steigerungspotential im Kopfsatz bereits restlos verbraucht worden ist.

Man sollte sich dem mit der Annullierung des Werks scheinbar verbundenen Urteil des Komponisten nicht vorschnell anschließen. Es handelt sich um eine voll ausgearbeitete Sinfonie, deren Reiz nicht zuletzt darin besteht, dass man an ihr einige dramaturgische Ideen in einem frühen Entwicklungsstadium beobachten kann. Zu ihnen gehört sicherlich das Konzept der finalen Themenkombination, das in der Fünften wie in der Achten Sinfonie wieder aufgegriffen wird. Erstaunlich ist und bleibt die Risikofreude, mit der Bruckner, in der Gattungsgeschichte singulär, ein nahezu konturloses Themengebilde zum Ausgangspunkt eines sinfonischen Satzprozesses zu erheben wagt. Sie ist es auch, die den Philharmoniker-Dirigenten Otto Dessoff, dem Bruckner das Werk 1870 zeigte, zu der Frage veranlasst haben soll, wo denn eigentlich das Thema sei. Sollte diese (immerhin nachvollziehbare) Irritation tatsächlich so, wie von Bruckners erstem Biographen berichtet, stattgefunden haben (Göll.-A. 3/1, 228), dann offenbart sich in ihr wohl auch ein wichtiger Grund für die Nichtbefassung der Wiener Philharmoniker mit dem Werk. Paradoxerweise ist ihm aber gerade durch seine Erfolglosigkeit das Schicksal der mehrfachen Umarbeitung erspart geblieben, denn Bruckner hat die Sinfonie, statt sie zu überarbeiten, kurzerhand «annulirt» und für «ganz ungiltig» und «ganz nichtig» erklärt.

Um den Zeitpunkt und die Motive dieser Annullierung einschätzen zu können, muss man sich einige Spekulationen erlauben. Beim Blick auf die nächste d-Moll-Sinfonie, die 1873 komponierte Dritte, fällt auf, dass deren Beginn dem Anfang der «Annullierten» so stark ähnelt, dass man hier schon fast des Rätsels ganze Lösung zu finden meint. In der Dritten wird die tremolierende Streicherfiguration, die den Komponisten offenbar nicht losließ, ein weiteres Mal verwendet, aber nun in der plausiblen Funktion des unthematisch einleitenden Begleitsatzes, wie er für Bruckners Sinfonie-Anfänge typisch ist. Erst darüber dann erklingt als Hauptsache das mit einem rhythmisch prägnanten Kopf versehene markante Trompetenthema. Spätestens zu diesem Zeitpunkt muss also festgestanden haben, dass die «Annullierte» nicht nur ihr Hauptmaterial an die neue d-Moll-Sinfonie abzutreten hatte, sondern dass sie wohl auch grundsätzlich zu dem inzwischen plastisch ausgearbeiteten Konzept der werkübergreifend gesteigerten Themenwiederkehr nicht mehr passte. Man kann sich allerdings fragen, warum Bruckner mit dem Kopfsatz auch die anderen Sätze verwarf. Für das Finale mag das zwar noch plausibel sein, weil dessen Anlage dem gesamtsinfonischen Steigerungskonzept gemäß ohne einen entsprechenden Kopfsatz (und ohne ein entsprechendes Kopfsatz-Hauptthema) ebenfalls obsolet wurde. Aber die beiden außerordentlich gut gelungenen Binnensätze, das Andante und das Scherzo, zu dem Bruckner wie stets in seinen frühen Sinfonien noch eine nach dem *da capo* zu spielende Coda komponiert hat? Dass Bruckner das zum Zeitpunkt der «Annullierung» schon einige Jahre alte Scherzo nicht mehr für einen neuen Kontext verwenden mochte, mag immerhin damit zusammenhängen, dass er ausgerechnet mit diesem Satztypus, dessen Strukturkonzept er am frühesten perfekt beherrschte, offenbar auch am schnellsten unzufrieden sein konnte: Schon in die Ersten Sinfonie hatte er im Verlauf der Arbeit ein nachkomponiertes neues Scherzo eingefügt (siehe Tabelle B), und bei der späteren Umarbeitung der Vierten sollte sich dieser Vorgang noch einmal wiederholen. Um den bezaubernden langsamen Satz ist es besonders schade. In ihm unternimmt Bruckner einen energischen Schritt auf sein späteres Konzept der «strophischen» Sonatenform zu (siehe Tabelle A): Zwei Themen, beide von exquisiter Qualität, werden im Quintabstand exponiert, danach wird mit einem dritten Thema der Mittelteil eröffnet, der sich dann unter Einbezug auch der beiden Expositionsthemen zu einer veritablen kleinen Durchführung entwickelt.

Das Werk hätte, wäre sein Ausgangsmaterial nicht in die Dritte Sinfonie eingegangen, durchaus für sich bestehen können. Dass es aus der Retrospektive wie eine Abweichung von Bruckners gültigem Sinfoniekonzept aussieht, muss seine Existenz als ein Werk eigenen Rechts ja nicht in Frage stellen. Die «Annullierte» stellt mindestens eine alternative Lösung dar, auch wenn Bruckner den mit ihr eingeschlagenen Pfad nachträglich wohl als Sackgasse empfunden hat. Mit der rigorosen Ausscheidung der «Annullierten» aus seinem sinfonischen Œuvre hat er den Weg zu seinem sinfonischen Gesamtkonzept nachträglich fast gewaltsam begradigt. Gerade deshalb ist ihre Kenntnis so wertvoll. Aus einer Weggabelung mit diversen Möglichkeiten ist erst in der Rückschau eine zielstrebige Entwicklung geworden. Wie wenig glatt sie für Bruckner in Wirklichkeit verlaufen ist, weiß man erst, wenn man sich einlässlich mit seiner «Annullierten» beschäftigt hat. Immerhin hat die schiere Qualität des Werks es zwar nicht vor der Ausscheidung aus dem Werkkatalog, aber doch vor der Vernichtung bewahrt. Bruckner, der 1870 in der Hoffnung auf eine Aufführung sogar noch eine Abschrift und Orchesterstimmen hatte anfertigen lassen, bewahrte das Kompositionsautograph sorgfältig auf und vermachte es später der Linzer Landesbibliothek.

Profilierung des Konzepts: Sinfonie Nr. 2 (c-Moll), WAB 102

Als Bruckner im Herbst 1871 die Arbeit an seiner zweiten c-Moll-Sinfonie begann, hatte sich bereits abgezeichnet, dass die beiden zuvor komponierten Werke in Wien bis auf weiteres keine Aufführungschance erhalten würden. Das mag ein wenig die Verwunderung darüber mildern, dass Bruckner mit merkwürdiger Beharrlichkeit nun abermals die Tonart c-Moll ins Auge fasste – so, als ginge es ihm nicht um Abwechslung, sondern darum, sich der Öffentlichkeit partout mit einer c-Moll-Sinfonie zu präsentieren (auf die dann, streng in der Reihenfolge der von Beethoven verwendeten Moll-Tonarten, ein weiteres d-Moll-Werk folgen sollte). So gesehen, ging die Rechnung auf: Die neue c-Moll-Sinfonie war tatsächlich die erste Bruckner-Sinfonie, die das Wiener Publikum zu hören bekam, und zwar am 26. Oktober 1873 im gerade erst eröffneten Großen Saal des neuen Musikvereinsgebäudes unter der Leitung des Komponisten.

Bruckner begann die Skizzierung am 11. Oktober 1871 in Wien; die Hauptarbeit an den ersten drei Sätzen fiel allerdings erst in den Juli 1872, bis das Werk dann am 11. September 1872 während der Sommerferien in St. Florian weitgehend beendet war. Eine wohl gleich nach dem Abschluss der ersten Niederschrift vorgenommene, für das Konzept entscheidende Erweiterung galt dem Adagio, das nun erst durch die Einfügung der Takte 150–187 zu der für Bruckner typischen strophischen Steigerungsform A^1-B^1|A^2-B^2|A^3-Coda ausgebaut wurde. Schon vor der ersten Aufführung hat Bruckner kleinere Revisionen angebracht, vor der zweiten (20. Februar 1876) kam es dann zu weiteren Änderungen, insbesondere zur Streichung von Pausen. Der kolossale Finalsatz etwa wurde dabei um ca. 200 Takte auf die immer noch imposante Länge von 613 Takten gekürzt. In welchem Ausmaß und ob überhaupt Bruckner dabei auf Ratschläge des ihm wohlgesonnenen Hofkapellmeisters Johann Herbeck hörte, ist nicht eindeutig zu klären. Hinzukommt, dass Bruckner natürlich auch dieses Werk nachträglich der seit 1876 systematisch unternommenen metrischen «Regulierung» unterzog, wie sie ebenfalls der Ersten Sinfonie, aber auch der Dritten und der Vierten sowie den drei großen Messen zuteilwurde. Eine dementsprechend gründliche Durchsicht erfuhr die Zweite Sinfonie 1877, also nach ihrer zweiten Aufführung. Diese Fassung (1877) wurde zwar nie praktisch verwendet, aber für die endlich sich abzeichnende Drucklegung (1892) legte Bruckner sie zugrunde, wobei er freilich abermals korrigierte und auch einige Versehen der Revision von 1877 bereinigte. Insofern lassen sich – trotz der vielen Zwischenzustände – am besten wohl zwei Fassungen («1872» und «1877») vor und nach den beiden Wiener Aufführungen sinnvoll voneinander separieren (siehe Tabelle C).

In der NGA unterscheiden sich die beiden Fassungen am sinnfälligsten bereits durch die unterschiedliche Positionierung der beiden Binnensätze. Dass Bruckner allerdings die Einreihung des Scherzos an zweiter Stelle, wie es die Ausgabe der «Fassung 1872» suggeriert (NGA II/1), jemals ernsthaft erwogen hat, ist dokumentarisch nicht nachzuweisen. Keine der Quellen überliefert diese Anordnung. Zwar wurde das Scherzo, wie die Datierungen im Autograph zeigen, tatsächlich vor dem Adagio komponiert, aber die unorthodoxe Kompositionsreihenfolge der Einzelsätze ist in der Arbeitsorganisation von Bruckners frühen Sinfonien der Normalfall (siehe Tabelle B). Für eine Positionierung im viersätzigen Zyklus ist das ohne Relevanz. Die tatsächliche Umstellung der Binnensätze ist ein Merkmal erst des späten Sinfoniekonzepts (Achte, Neunte). Für die Zweite ist also in beiden Fassungen die standardisierte Abfolge der vier Sätze mit dem Scherzo an dritter Stelle anzunehmen.

Nach den recht unterschiedlichen Formlösungen der beiden vorangegangenen Werke bedeutet die Zweite Sinfonie – die ja für Bruckner zunächst noch, solange die «Annullierte» Gültigkeit besaß, seine Dritte war – eine entschiedene Profilierung des Konzepts. In ihr werden nun die Mittel ausgebaut, an die alle folgenden Werke anknüpfen sollten. Beide Ecksätze prägen die charakteristische Sonatenform mit drei scharf unterschiedenen Themenfeldern aus und zielen jeweils auf einen finalen Höhepunkt, der in der «Fassung 1877» für beide Sätze durch die Tempovorschrift «Sehr schnell» eigens hervorgehoben wird. Doch nicht nur dies: Erstmals in Bruckners Œuvre wird der Schluss einer Sinfonie nun mit einem bereits im Kopfsatz exponierten Gebilde zum in der Dur-Variante strahlenden Höhepunkt geführt. Es handelt sich allerdings (noch) nicht um das Hauptthema selbst, sondern (nur) um eine rhythmisch markante Fanfare, die – auf dem Grundton C verharrend – von der Trompete in den Schluss des Kopfsatzhauptthemas hineingeschmettert wird (im Kopfsatz: T. 20f., im Finale dann erstmals am Expositionsende vor Buchstabe F). In beiden Ecksätzen wird diese Fanfare in verschiedenen Satzphasen, vor allem in den Durchführungen, immer wieder in den Vordergrund gespielt, bis sie dann in den Klangmassen der Satzschlüsse gleichsam ihr Ziel erreicht. Dieses ebenso einfache wie prägnante, daher an allen Orten seines Auftretens sofort erkennbare Klangemblem, das der Begleitschicht des Hauptthemas entstammt, erweist sich durch seine klangmächtige Wiederkehr in den Kulminationsphasen der beiden Ecksätze als das wichtigste werkübergreifende Moment der Vereinheitlichung. Das chromatisch den Dominant-Ton umspielende Kopfsatz-Hauptthema selbst hingegen wirkt eher elegisch (sein Tempo wird in der «Fassung 1877» folgerichtig zu «Moderato» herabgestuft); und obwohl es, von einem separaten Kopfmotiv ausgehend, zum ersten Mal die für Bruckner später so charakteristische motivische «Kettenstruktur» auszubilden beginnt, ist es denn auch für die Zwecke der Höhepunktgestaltung nur begrenzt geeignet. Wie schon in der «Annullierten» Sinfonie benötigt es die Beihilfe der Bläserfanfare als Generator und Katalysator der Entwicklung, anders aber als in der «Annullierten» ist diese nun konsequent über beide Ecksätze hinweg ausgespannt. Daher kommt auch im Finale, dessen Thema zum ersten Mal in der für Bruckners Finalsätze typischen Manier die Struktur von leisem Anlauf und dynamischem Ausbruch auf zwei charakteristisch verschiedene Gestalten verteilt, dieser Bläserfanfare eine den Satzverlauf tragende Rolle zu: In der schließenden Stretta ist sie es, in deren Klangstrom das Finale-Thema sich förmlich aufzulösen scheint.

Für beide Ecksätze ist charakteristisch, dass sie an formalen Scharnierstellen «Zitate», also dezidiert werkfremde Materialien, einbauen. Im Kopfsatz wird sowohl am Schluss der Exposition als auch am Ende der Reprise, als handele es sich um ein überzähliges viertes Themenfeld, eine zarte Holzbläserkantilene eingesetzt, die man unschwer als eine Wagner-Allusion entziffern kann; sie entspricht dem «... hehr Vergehen» im Liebesduett des 2. Akts von *Tristan und Isolde*. Und im Finale setzt Bruckner – offenbar sehr genau überlegt, weil exakt in derselben formalen Position an den Schlüssen von Exposition und Reprise – ein notengetreues Selbstzitat ein: eine Wendung aus dem Kyrie seiner eigenen Linzer f-Moll-Messe (dort T. 124 ff.), die er kurz zuvor am 16. Juni 1872, während der Arbeit am Kopfsatz, in der Wiener Hofpfarrkirche St. Augustin zur Erstaufführung gebracht hatte.

Wenn Zitieren überhaupt etwas bedeutet, was meint es dann hier? Allgemein lässt sich zunächst sagen, dass Bruckner durch das kalkulierte Zitierverfahren die für ihn noch neue, nun aber endgültig souverän beherrschte Gattung der Sinfonie in auffallender Reflektiertheit gegen den Hintergrund der beiden für ihn wichtigsten Modelle musikalischer Monumentalität stellt: das Wagner'sche Musikdrama und die eigene großbesetzte Kirchenmusik. Neben dieser demonstrativen Reflexion der eigenen Prämissen aber offenbaren die Zitate auch einen werkimmanenten Struktursinn: Sowohl die *Tristan*-Anspielung mit ihrem signifikanten Doppelschlagmotiv als auch das Kyrie-Zitat mit seinem tonumkreisenden Bass zeigen eine motivische Verwandtschaft mit jener chromatischen Tonumspielung, die so auffällig das elegische Kopfmotiv des Hauptthemas prägt und die auch durch die chromatisch kreisende Streicherfigur am Beginn des Finalsatzes deutlich wieder aufgerufen wird. Ganz offensichtlich war es Bruckners Absicht, ein weitmaschiges Netz motivischer Beziehungen über das Werk zu legen und dieses sogar über dessen Grenzen hinausreichen zu lassen. Wenig verwunderlich wird daher die solchermaßen mit Bedeutung aufgeladene chromatische Tonumspielung des Kopfsatz-Hauptthemas, gleichsam in Konkurrenz mit der dramaturgisch wichtigen Trompetenfanfare, auch in den Entwicklungsgang des Finalsatzes einbezogen: Nachdem sie bereits in dessen Durchführung kontrapunktisch mit der Begleitfigur der Gesangsperiode verflochten worden ist (deren Umkehrung sich damit ebenfalls als Anspielung auf die chromatische Wechselnotenfigur entpuppt; Finale 1872: T. 415 ff./1877: T. 340 ff.), wird sie schließlich sogar in einem geradezu die Zeit suspendierenden Rückblick wörtlich zitiert (Finale 1872: T. 745 ff.), und zwar gefolgt von eben jener signifikanten Begleitfigur der Finale-Gesangsperiode, mit der sie in der Durchführung simultan kombiniert worden war. Bei der späteren Überarbeitung der Coda hat Bruckner dieses Zitat (wie auch das Kyrie-Zitat am Ende der Reprise) wieder entfernt.

Überdies bringt der Finalsatz auch noch – so wie in den beiden vorangegangenen Werken und nun zum letzten Mal in Bruckners Sinfonik – sein eigenes Hauptthema in die Steigerungsdramaturgie mit ein. All das mag also einen Überschuss an Intention enthalten, aber es zeigt ein inzwischen enorm geschärftes Bewusstsein für das «Finale-Problem». Bemerkenswert ist, dass Bruckners Themenkonzept auf dieser Entwicklungsstufe noch die Diastematik (chromatische Drehfigur) und den Rhythmus (Trompetenfanfare) als gleichberechtigte Parameter behandelt, auch wenn er sie auf verschiedene Entwicklungsstränge verteilt. In späteren Werken wird die konsequente Zuspitzung auf die rhythmische Dimension zu seinem Markenzeichen werden. Infolgedessen konkurrieren in der Zweiten Sinfonie das Spiel mit subtilsten melodischen Motivbeziehungen und die Disposition einer klaren rhythmisch-motivischen Teleologie derart miteinander, dass eine gut gemeinte Überdeterminiertheit in eine durch ein Zuviel an Mitteleinsatz hervorgerufene Undeutlichkeit umzuschlagen droht. Allerdings beruht der eminente Reiz des Werks zu einem nicht geringen Maß auf eben dieser Komplexität, und als Bruckner 1877 im Zuge der drastischen Kürzungsmaßnahmen auch einige der «Zitate» opferte, störte er damit die strategische Balance des Werkverlaufs empfindlich.

Die beiden Ecksätze schließen zwei erstmals in ihrer Struktur so klar profilierte Binnensätze ein: einen langsamen Satz, in dem die dritte Wiederkehr des ungemein klangschönen As-Dur-Hauptthemas zu einer mächtigen Steigerung geführt wird, und ein Scherzo, das dem Muster der auf ein einziges Thema gestützten Sonatenform folgt (so wie das Trio ebenfalls), hier noch mit der später aufgegebenen Eigentümlichkeit, dass Exposition und zweiter Teil jeweils wiederholt werden (nur in der Fassung 1872) und nach der Wiederkehr des Scherzos eine eigens dafür komponierte Coda angefügt wird. Im Adagio, dessen Tempovorschrift 1877 zu «Andante» (mit dem signifikanten Zusatz «feierlich») geändert wurde, zitiert Bruckner ebenfalls aus seiner f-Moll-Messe (in beiden Fassungen zwischen den Buchstaben O und P): eine Kadenzformel aus dem Benedictus (dort T. 23–26 bzw. 98–101), die in perfekter Übereinstimmung mit der Semantik der zitierten Stelle die spannungsvolle Erwartung auf das Kommende weckt und diesem Kommenden, der verklärten Wiederkehr des Adagio-Themas, den Habitus einer geradezu sakralen Weihe sichert. Unmittelbar vorangegangen ist dem der grandios gesteigerte Schlussauftritt desselben Themas (beginnend bei Buchstabe K), den Bruckner als einen eigens ausgebauten letzten Formteil erst in einem späten Arbeitsschritt einfügte. Mit dieser nachträglichen Erweiterung, deren Genese sich am Autograph eindrucksvoll studieren lässt, hat Bruckner sein von nun an gültiges Adagio-Satzkonzept gefunden (siehe Tabelle A).

Das ganze Werk ist von großer formaler Ausgewogenheit, selbst (oder vielmehr gerade) in der ungekürzten Urversion, die seine eigentliche Intention viel unverhüllter zu erkennen gibt als die nicht nur in den Ecksätzen, sondern auch im Adagio in den Proportionen stark veränderte Fassung von 1877. In dieser Sinfonie hat Bruckner das für ihn charakteristische Prinzip der gestuften Steigerung zu einem ersten Extrem getrieben, und zwar durch die sorgfältig kalkulierte Dramaturgie einer unablässigen Retardierung, mit der die Steigerungswellen jeweils kurz vor ihrem Kulminationspunkt wirkungsvoll gestaut und unterbrochen werden, um danach erneut anzusetzen. Am deutlichsten wird das in den umfangreichen Coda-Abschnitten beider Ecksätze in der frühen Fassung von 1872, deren ungeheuer weiter Atem später dem Willen zur Straffung zum Opfer fiel, indem Bruckner in beiden Sätzen den jeweils ersten Ansatz zur Coda-Steigerung ersatzlos gestrichen hat.

Die Zweite war, wie erwähnt, die erste in Wien aufgeführte Bruckner-Sinfonie. Es ist eine reizvolle Vorstellung, dass der Aufführung vom 26. Oktober 1873 auch Johannes Brahms beigewohnt haben dürfte, der zu dieser Zeit mit dem Finalsatz seiner eigenen c-Moll-Sinfonie beschäftigt war. In der Presseberichterstattung sind bereits die grundlegenden Motive der späteren Bruckner-Kritik wie im Brennglas versammelt. Eduard Hanslick hob an dem Werk «zahlreiche schöne, bedeutende Einzelheiten» hervor, kritisierte aber auch vorsichtig «eine unersättliche Rhetorik und allzu breite, mitunter haltlos zerfallende musivische Form» (*Neue Freie Presse*, 28.10.1873). Ludwig Speidel äußerte sich sogar weit enthusiastischer; für ihn war der Komponist bereits «kein gewöhnlicher Sterblicher» mehr, er verfüge über «Blitze von Gedanken» sowie «Phrasen und Wendungen von unleugbarer Originalität». Doch kritisierte auch Speidel, ähnlich wie Hanslick, «eine nur geringe plastische Gestaltung» der Formen: Die Sätze seien «als Ganzes nicht übersehbar, sondern zerfloßen» (*Fremden-Blatt*, 28.10.1873). Die für die zeitgenössische Bruckner-Rezeption charakteristische Haltung zwischen Faszination und Irritation spricht sehr deutlich aus der scharf beobachtenden Rezension des eigentlich sehr wohlwollenden August Wilhelm Ambros, in der wohl zugleich auch die Quelle für den später geläufig gewordenen Spitznamen «Pausen-Sinfonie» zu sehen ist: «Es wäre der Mühe werth, die Zahl der ‹spannenden› Generalpausen in dem Werke zu zählen, ein Mittel, von welchem die großen Meister mit Recht nur selten Gebrauch gemacht haben. Wo wir eine zusammenhängende, gegliederte, Eines durch das Andere motivirende Rede wünschen und erwarten, vernehmen wir unaufhörliche Suspensionen, Interjectionen – musikalische Frage- und Ausrufungszeichen und Gedankenstriche, denen kein Inhalt vorangegangen und keiner nachfolgt» (*Wiener Abendpost*, 28.10.1873). Ambros wertet Bruckner zwar entschieden als außerordentliches Talent, rät ihm allerdings zu «Maß, Mäßigung, Selbstbeschränkung». Ähnliche Tendenzen zeigen auch die Kritiken der zweiten Aufführung vom 20. Februar 1876, in der eine bereits erheblich revidierte Fassung erklang.

Die beiden von Bruckner selbst geleiteten Aufführungen von 1873 und 1876 waren also ein Achtungserfolg, den allerdings der katastrophale Durchfall der Dritten (16. Dezember 1877) vorübergehend wieder zunichtemachte. Das Werk musste danach bis zu seiner Drucklegung 1892 warten, um schließlich in dieser Fassung zunächst in Wien (25. November 1894 unter Hans Richter) und dann vielfach auch anderenorts aufgeführt zu werden. Die Zweite ist die einzige Sinfonie, die ohne Widmung publiziert wurde, weil der vorgesehene Widmungsträger, Franz Liszt, das Manuskript bei seiner Abreise 1884 in seinem Wiener Hotelzimmer liegen ließ, was den gekränkten Komponisten zum Verzicht auf überhaupt jede Dedikation bewog. Dass das Werk, in dem sich viele Charakteristika einer Bruckner-Sinfonie erstmals so plastisch greifbar ausprägen, heute zu den eher selten aufgeführten Werken Bruckners gehört, ist eigentlich nicht recht erklärbar.

(K)eine «Wagner-Sinfonie»: Sinfonie Nr. 3 (d-Moll), WAB 103

Die Dritte Sinfonie, die Bruckner im September 1872 gleich nach Beendigung der Zweiten in Angriff nahm und am 31. Dezember 1873 vollendete, ist mit ihren 2052 Takten die umfangreichste aller Bruckner-Sinfonien. Ihre in jeder Hinsicht kompromisslose Machart hat sie darüber hinaus auch zur sperrigsten gemacht, und es ist kein Zufall, dass sie von allen Werken Bruckners die verwickeltste Umarbeitungs- und Publikationsgeschichte aufweist (siehe Tabelle C). Man kann, von Zwischenstufen abgesehen, nicht weniger als drei Fassungen (1873, 1877, 1889) voneinander unterscheiden, und sie ist nicht nur die erste Bruckner-Sinfonie, die gedruckt wurde, sondern auch die einzige, der dies zu Lebzeiten des Komponisten sogar in zwei Versionen (1878, 1890) gelang. Dass sich die drei Fassungen in erster Linie durch zunehmende Verkürzung unterscheiden, ist angesichts der exorbitanten Länge der Urgestalt kaum verwunderlich.

Bruckner stellte das Werk vorläufig am 31. August 1873 in seinem Feriendomizil Marienbad fertig, von wo aus er sogleich nach Bayreuth reiste, um es zusammen mit der Zweiten Sinfonie dem vergötterten Richard Wagner zur Widmung anzubieten. Wagner entschied sich für die Dritte und erhielt dafür im Mai 1874 eine kalligraphisch gestaltete Widmungskopie. Die

Zweite hingegen wurde später dem ebenfalls verehrten Franz Liszt zur Widmung angetragen (die aber schließlich unterblieb). Damit hatte Bruckner nun, nachdem die «Linzer» und die «Annullierte» sich für Wien als nicht aussichtsreich erwiesen hatten, zwei weitere Sinfonien in c-Moll und in d-Moll parat, die er dann auch tatsächlich, wenngleich erst nach erheblichen Mühen, in Wien zu Aufführungen brachte.

Die Tonart d-Moll verweist unmissverständlich auf den Archetypus der neueren Gattungsgeschichte: Beethovens Neunte. Viele strukturelle Charakteristika dieses Werks kehren denn auch in Bruckners Dritter scheinbar wieder – und werden, was viel schwerer wiegt, entschieden uminterpretiert. Ebenso deutlich aber ist, dass Bruckner hier auf seine eigene erste d-Moll-Sinfonie, die «Annullierte» (die sich ihrerseits schon auf Beethoven bezog), zurückgreift, was spätestens jetzt deren anschließende Ungültigmachung zur Folge hatte. Denn deren riskantes, weil so eigentümlich konturloses Thema wird nun mit leichten Modifikationen in genau der Funktion übernommen, die es viel besser erfüllen kann: als leise vibrierender «Introitus» mit der Aufgabe, ein unthematisches Klangfeld aufzuspannen, über dem sich dann erst das eigentliche Thema als die Hauptsache des Werks entfalten kann. Dieses wird im fünften Takt *p* von der Trompete exponiert und von den Bläsern fortgesponnen, um schließlich nach langer Steigerung in einem gewaltigen Fortissimo-Ausbruch des gesamten Orchesters zu kulminieren. Das hat viele Kommentatoren dazu verführt, erst die *ff*-Gestalt (bei Buchstabe A) als das Thema, die Trompetenmelodie dagegen nur als Einleitungsmotto zu bezeichnen. Damit scheint die Parallele zum Vorbild in Beethovens Neunter perfekt zu sein, zumal der gesamte langwierige Vorgang genau wie dort noch ein zweites Mal entfaltet wird, bevor das Seitenthema eintritt. Und dass Bruckner, sozusagen am anderen Ende des Satzes, von Beethoven auch die Idee einer langen Coda über chromatisch sinkendem Bass-Ostinato übernimmt, ist ebenfalls nicht zu überhören (wobei auch hier die «Annullierte», deren Kopfsatz für die Coda bereits dasselbe Konzept ausprobiert hatte, als entscheidender Vermittlungsschritt zu bedenken ist).

Doch für den Beginn des Satzes trügt der Schein, und gerade dies macht den Beethoven-Bezug kompliziert: Bruckner hat in allen einschlägigen Quellen nie einen Zweifel daran gelassen, dass er die achttaktige Trompetenmelodie als das eigentliche «Thema» der Sinfonie empfand, und wenn man die Funktion erkennt, die eben dieses Gebilde für das gesamte Werk erfüllt, kann dies auch gar nicht anders sein. Dass also der erste dynamische Höhepunkt der Exposition, anders als in den späteren Werken, nach langem Anlauf mit einer eigenen thematischen Figur versehen ist, bezeugt eine nur äußerliche Ähnlichkeit mit Beethovens letzter Sinfonie bei in Wirklichkeit vollständiger Umfunktionierung dieser Struktur im Detail. Versteht man nämlich die dramaturgische Funktion des eröffnenden Trompetenthemas als die einer über das gesamte Werk ausgespannten gesteigerten Wiederkehr, dann erkennt man zugleich, wie ingeniös Bruckner nun erstmals eine Themengestalt ersonnen hat, die genau dies zu leisten in der Lage ist: Das Trompetenthema, von dem im weiteren Fortgang nur mehr das viertönige Kopfmotiv gebraucht werden wird, ist mit seinem rhythmisch einprägsamen Quart-Quint-Fall nämlich erstens eine Gestalt mit scharf profilierter Physiognomie und zweitens zugleich eine kraftvoll drängende Blechbläserfanfare, kann also für alle Steigerungspartien des Satzes jene Funktionen in sich vereinen, die Bruckner in den vorigen Werken noch auf verschiedene Gestalten – Thema und Fanfare – verteilen musste.

Alle drei Themengruppen der Exposition sind durch motivische Assoziationen miteinander verknüpft, indem die Gesangsperiode etwa die charakteristische Vierteltriole aus dem Hauptthema übernimmt und sie später an die Schlussgruppe weitergibt. Dieses variative Netz wird über den ganzen Satz ausgebreitet, und in seinen Beziehungszauber werden beständig auch Motivbestandteile des *ff*-Expositionsthemas (das eben nicht das Hauptthema ist) eingebunden. Sie tauchen auf und verschwinden, können den Fortgang vorantreiben, ihn aber ebenso unterbrechen und stauen. All dem gegenüber bewegt sich das Trompetenthema kontinuierlich auf einer anderen Ebene, die von diesem Motivgeflecht nicht tangiert wird. Die gesamte Entwicklung, die das prominente Trompetenthema an Kulminationspunkten immer wieder hervortreibt, hat also mit der von Beethoven zur Meisterschaft entwickelten «motivisch-thematischen Arbeit» nichts zu tun: Bruckners sinfonische Dramaturgie hat sich von ihr vollständig emanzipiert.

Auf dem Höhepunkt der Durchführung erscheint, vorbereitet durch Bruckners charakteristische «kontrapunktische» Durchführungsverfahren der Augmentation und der Inversion, das Hauptthema im Unisono des gesamten Orchesterapparats mit geballter Wucht im dreifachen Forte (bei Buchstabe O), und zwar erstaunlicherweise in der Haupttonart d-Moll, als wäre hier bereits, viel zu früh, die Reprise erreicht (die in Wirklichkeit jedoch erst bei Buchstabe S einsetzt). Danach wird es sequenzierend durch weitere Tonarten geführt. Erstmals in seiner Sinfonik besetzt Bruckner also auch schon den Durchführungshöhepunkt, und nicht erst den Reprisenbeginn, mit dem Hauptthema in der Tonika; später wird er – man erinnere sich an seine im Unterricht bei Kitzler angeeignete Auffassung von der Zweiteiligkeit der Sonatenform – beide Formstationen, die er hier noch klar voneinander unterscheidet, zunehmend in einem zäsurlosen Ablauf zusammenfassen: eine Idee, deren radikalste Erscheinungsform sich schließlich am Kopfsatz der Neunten studieren lässt. Im Kopfsatz der Dritten zeigen sich bereits sehr klar die beiden Verfahren der Vergrößerung und der Vervielfachung, mit denen Bruckner seine Hauptthemen auch später zu monumentalisieren pflegt: in der harmonisch unsteten Durchführung als mehrfache Sequenzierung, in der Coda hingegen, dem Ort endgültiger tonaler Stabilisierung, als unablässige Wiederholung.

Um das Hauptthema des Kopfsatzes, das Trompetenthema, nun erstmals auch zum Hauptthema der ganzen Sinfonie zu machen, trifft Bruckner für das Finale eine folgenreiche Entscheidung: Dessen eigenes Thema, das im Fortissimo nach einem achttaktigen «Introitus» eintritt, ist so sinnfällig nach dem rhythmischen Schnittmuster des Trompetenthemas konturiert, dass dieses später wie etwas längst Erwartetes die gesamte Coda dominieren kann. Wenn sein Rhythmus, in sogar noch leicht geschärfter Form, erstmals bereits am Ende der Exposition wieder hervortritt (1873: T. 257 ff., 1877: T. 197 ff., 1889: T. 193 ff.), stellt er eine Vermittlung zwischen dem Finale-Hauptthema und eben dem Trompetenthema als dem sinfonischen Hauptthema her. Das Finale gestaltet daher, nachdem es sich zuvor wie das Finale von Beethovens Neunter einen Rückblick auf Themen der vorangegangenen Sätze gestattet hat (1873: T. 675 ff.), die Schluss-Stretta («Sehr schnell») mit der triumphalen Wiederkehr des Trompetenthemas in doppelter Augmentation und endet klangprächtig mit der vielfachen Repetition seines thematischen Rhythmus. In den beiden späteren Fassungen hat Bruckner diesen Bezug noch verdeutlicht, indem nun auch die allerletzten Takte des Finales den charakteristischen Quint-Quart-Fall des Trompetenthemas im Unisono des gesamten Orchesters enthalten und, ausdrücklich wieder verlangsamt, im «Tempo des 1. Satzes» zu spielen sind (1877) bzw. die signifikante Themengestalt nochmals in doppelter Augmentation erklingen lassen (1889).

Einen fast legendären Ruhm hat die erste Fassung des Werks durch die angeblichen Wagner-Zitate erhalten, die überhaupt erst ihre Widmung zu legitimieren scheinen. Daher lohnt es sich, über sie etwas ausführlicher nachzudenken. Die wichtigste dieser Stellen ist die lange Phase zwischen dem Durchführungsschluss und der Reprise des Kopfsatzes (T. 461 ff.) – eine Montage zitatartiger Taktgruppen, wie sie Bruckners parataktische Bauweise problemlos ermöglicht. Der erste der hintereinander gereihten Materialkomplexe lässt sich mit Isoldes «Mild und leise» am Ende von Wagners epochalem Musikdrama assoziieren. Der zweite, die mehrfache Sequenzierung einer chromatischen Tonumspielung, kann – spätestens in den beiden folgenden Fassungen, weil dort entsprechend rhythmisch geschärft – als Anspielung auf das Hauptthema der vorangegangenen eigenen c-Moll-Sinfonie gehört werden. Und dann, am berühmtesten, erklingt eine enigmatische Akkordfolge, die an die «Schlafharmonien» aus Wagners *Walküre* erinnert; sie öffnet sich am Ende in einen dominantischen A-Dur-Dreiklang, auf den schließlich, geheimnisvoll im Pianissimo einsetzend, die Reprise folgen kann. Spätestens hier meint man zu verstehen, warum der Kopfsatz in allen drei Fassungen die Vortragsanweisung «misterioso» trägt. Der gesamte Zitatkomplex, der in Wirklichkeit ein Komplex von absichtsvoll ungenauen, aber hinreichend deutlichen Anspielungen ist (und ausschnitthaft auch im Adagio und im Finale wiederkehrt), bildet eine nicht weniger als 42 Takte lange, durchgehend auf niedrigster dynamischer Stufe gehaltene Formstation, die in funktionaler Hinsicht nichts anderes darstellt als eine spannungsvoll inszenierte Kadenz zur Herbeiführung der Reprise, wie man sie schon aus dem Kopfsatz der «Annullierten» Sinfonie kennt – nur ist sie hier nun ins wahrhaft Riesige gedehnt. Der gesamte Komplex ist aber noch weitaus vieldeutiger, als es auf den ersten Blick erscheint. Statt auf Isoldes musikdramatischen Liebestod lässt sich sein Beginn auch auf den Anfang des Kyrie-Satzes aus Bruckners eigener d-Moll-Messe beziehen. Ein weiterer möglicher Referenzpunkt ist ebenfalls nicht von der Hand zu weisen: Der berühmte langsame Satz von Robert Schumanns «Rheinischer» Sinfonie beginnt mit demselben, in Quarten aufsteigenden und kontrapunktisch weiterentwickelten Tonsatzmodell, und er trägt zudem ausdrücklich jene Vortragsanweisung «Feierlich», die Bruckner für den Adagio-Satz seiner Dritten übernimmt und sie danach – ein weiteres Mal sogleich bei der Umarbeitung der Zweiten Sinfonie – geradezu zu seinem eigenen Markenzeichen erhebt. Offenbar war es für Bruckner gar kein Widerspruch, die sakrale Weihe des kontrapunktischen Schumann-Satzes, das flehende Kyrie der eigenen Messe und die metaphysische Aura des chromatischen Wagner-Modells in einer Art von kunstreligiösem Überbau zusammenzuführen.

Wenn man die Anspielungen auf Wagner (von denen die meisten aus den späteren Fassungen wieder verschwunden sind) und auf die eigenen Werke weniger als präzise Zitate denn vielmehr als die Beschwörung musikalischer Welten versteht, dann kann man dieser Idee auch noch weitere Phasen des Werks zuordnen. Zu den bekanntesten unter ihnen gehört die polyphone Faktur der Gesangsperiode im Finale, weil Bruckner selbst – was auch ohne diesen Bericht hörbar wäre – im Gespräch die beiden miteinander verflochtenen Melodielinien als «Polka» und als «Choral» bezeichnet haben soll (Göll.-A. 4/2, 663), als Konfrontation also des unbeschwerten Feiertagsvergnügens mit dem Eingedenken des *memento mori*. Ebenso deutlich geht im ersten Satz aus dem viertönigen Kopfmotiv der dritten Themengruppe (Buchstabe G) am Ende der Exposition eine sequenzierte Viertonformel hervor, die man als Anspielung auf das «Miserere» aus dem Gloria-Satz der eigenen d-Moll-Messe (dort T. 100–103) hören kann; sie wird im Adagio der Neunten Sinfonie nochmals wiederkehren. Als wären also der werkimmanente Beziehungszauber des motivischen Netzwerks und die verzweigte Dramaturgie der gesteigerten Hauptthemawiederkehr noch nicht genug, ist die Sinfonie der Intention nach zusätzlich durch einen gezielten Einsatz von musikalischen Topoi mit weit ausgreifenden Weltbezügen angereichert, die den entschiedenen Willen ihres Komponisten zur Sinnstiftung erkennen lassen.

In seiner ersten Fassung wurde das Werk von den Wiener Philharmonikern abgelehnt. Bruckner arbeitete es in der Folge um, strich oder verkürzte Pausen, komponierte neue Übergänge, entfernte die meisten der «Zitate»; auf der anderen Seite verstärkte er die Dramaturgie der gesteigerten Wiederkehr, indem er das Trompetenthema nun auch schon am Ende der Kopfsatz-Exposition eintreten ließ (vorbereitet durch eine emphatische Melodielinie der Trompete, die er explizit als «Choral» bezeichnete; 1877: T. 203 ff.) und seine Auftritte im Finalsatz ebenfalls vermehrte. Eine einschneidende Veränderung erfuhr der langsame Satz, mit dem Bruckner die im Kopfsatz der Zweiten gefundene Adagio-Form zu enormem Umfang gedehnt hatte. Die ursprüngliche Version verwendet drei zunehmend gesteigerte Auftritte des Themas (a), unterbrochen von der Entfaltung eines Seitenthemas (b), in das im vorliegenden Satz sogar noch ein zusätzliches «Misterioso»-Thema (c) eingeschachtelt wird. Die von daher drohende Unübersichtlichkeit war es wohl, die Bruckner dazu veranlasst hat, eine große Partie in der Mitte des Satzes zu opfern und den dritten Teil zu überarbeiten, so dass von der ursprünglichen Form nichts mehr zu ahnen ist und der Satz in den späteren Fassungen nun ungewollt dem traditionellen A-B-A'-Schema gleicht (vgl. das nachstehende Schaubild).

Bruckner, Dritte Sinfonie, Adagio

	‖ A^1	B^1			‖ A^2	B^2		‖ A^3	
1873:	‖ a	b	c	b'	‖ a'	b''	c'	‖ a'' + Coda	
	‖ 32	32	40	24	‖ 32	52	12	‖ 54	= 278 Takte
1877:	‖ a	b	c	b'	‖ [..............]		c'	‖ a'' + Steigerung	
	‖ 40	32	39	24+36	‖		10	‖ 70	= 251 Takte
1889:	‖ a	b	c	b'	‖ [............................]			‖ a'' + Steigerung	
	‖ 40	32	39	24+18	‖			‖ 69	= 222 Takte

In dieser bereits stark gekürzten Fassung schließlich war der Hofkapellmeister Johann Herbeck, der sich auch schon für die Zweite Sinfonie interessiert hatte, zur Aufführung des Werks bereit. Herbecks plötzlicher Tod drohte das Projekt im letzten Moment zum Scheitern zu bringen; das Konzert fand schließlich dennoch am 16. Dezember 1877 im Großen Saal des Wiener Musikvereinsgebäudes, nun aber unter Bruckners Leitung, statt. Der Kritiker Eduard Hanslick, der sich zu einem erbitterten Gegner zu entwickeln begann, gestand seine Schwierigkeiten mit dem monströsen Werk offen ein, erkannte allerdings scharfsinnig, wenn auch in polemischer Verzerrung, dessen wichtigste Sinnbezüge: «vielleicht eine Vision, wie Beethoven's ‹Neunte› mit Wagner's ‹Walküren› Freundschaft schließt und endlich unter die Hufe ihrer Pferde geräth» (*Neue Freie Presse*, 18.12.1877). Die Aufführung war ein katastrophaler öffentlicher Misserfolg und doch für Bruckners Biographie ein Meilenstein: Sie hinterließ ein völlig ratloses Publikum (soweit es nicht schon längst den Saal verlassen hatte) und eine winzige Schar begeistert applaudierender jugendlicher Anhänger – vor allem aber, zu Bruckners Überraschung, einen enthusiastischen jungen Verleger, Theodor Rättig, der ohne Umschweife bereit war, das Werk zu publizieren. So gelangte die 1877 aufgeführte Fassung, nach abermaliger Revision, bei der zum Beispiel die für das Scherzo neu komponierte Coda wieder entfiel, 1878 als erste Sinfonie Bruckners überhaupt in den Druck.

Zehn Jahre später überzeugten Bruckners Schüler den Komponisten wie den Verleger, dass die bisher weitgehend erfolglose Sinfonie dringend einer weiteren Revision bedürfe, und Rättig ließ sich tatsächlich auf das kostspielige Unternehmen einer Neupublikation ein. Bruckner, der um diese Zeit die Zurückweisung der eben erst vollendeten Achten Sinfonie durch Hermann Levi zu verkraften hatte, nahm die Umarbeitung auf der Basis des Erstdrucks vor, während er das Finale von Franz Schalk kürzen ließ und dessen Abschrift anschließend gründlich durchsah. Das Finale verlor nun endgültig ein gutes Drittel seiner ursprünglichen Substanz, vor allem durch die vehemente Kontraktion der Reprise (Streichung des Hauptthemas und Kürzung der Schlussgruppe), die allerdings recht gut in die Logik des immer stärker gestrafften (zweiteilig aufgefassten) Sonatenformablaufs passte und daher von Bruckner auch sanktioniert wurde. Insofern spiegelt diese Konzentration den aktuellen Stand von Bruckners Stilentwicklung, appliziert diesen aber auf ein bereits 16 Jahre altes Werk und gefährdet damit dessen Proportionen. Bruckners Umarbeitung war 1889 abgeschlossen, obwohl ein Eingreifen Gustav Mahlers, der während eines Wien-Besuchs vehement für die Beibehaltung der früheren Fassung plädierte, für eine vorübergehende Unterbrechung der Arbeit gesorgt hatte. Die 1890 erschienene Druckfassung, die in manchen Details von Bruckners Stichvorlage abweicht, wurde am 21. Dezember 1890 in Wien unter Hans Richter, nun endlich mit beachtlichem Erfolg, aufgeführt. Während Bruckner die Quellen seiner letzten Fassung testamentarisch der kaiserlichen Hofbibliothek (heute Österreichische Nationalbibliothek) vermachte, verblieb das für ihn uninteressant gewordene Manuskript der zweiten Fassung (1877) im Besitz Gustav Mahlers, der seinerzeit den Klavierauszug angefertigt hatte, und konnte erst 1948 aus dem Besitz von Alma Mahler-Werfel angekauft werden.

Eine «Wagner-Sinfonie», wie Bruckner selbst sie stolz zu nennen pflegte, ist die Dritte nur durch den äußerlichen Umstand geworden, dass der vergötterte Meister gerade sie (und nicht die

Zweite) als Dedikationswerk angenommen hat. Auf diesen lapidaren Titel daher den Gehalt des Werks zu reduzieren, würde in die Irre führen. Es steht im Dialog mit berühmten Werken der Gattungsgeschichte von Beethovens Neunter bis zu Schumanns «Rheinischer» und sucht dabei die Extreme des Geheimnisvollen und des Feierlichen auf, es bewegt sich souverän zwischen dem Wagner'schen Musikdrama und der eigenen Kirchenmusik, es konfrontiert den Tonfall der Polka mit dem des Chorals und den Gestus des Schrecklich-Erhabenen mit dem der innigsten Versenkung, verwendet also mit schockierender Rücksichtslosigkeit die schroffsten Kontraste und zielt mit alledem auf umfassende sinfonische Welterschließung. Seine Fülle an intertextuellen Referenzen bedeutet einen überbordenden Reichtum an externen wie internen Sinnbezügen, der die Überdeterminiertheit der Zweiten Sinfonie bei weitem übersteigt und von Bruckner auch über die langwierige Erarbeitung mehrerer Fassungen hinweg nie wirklich gebändigt wurde. Dieser Reichtum aber macht das Werk so sperrig wie faszinierend, auch noch in der mit aller Entschlossenheit geglätteten Gestalt von 1889.

Die «Romantische»: Sinfonie Nr. 4 (Es-Dur), WAB 104

Am 2. Januar 1874, also nur einen Tag nach dem Abschluss der Dritten, begann Bruckner mit der Arbeit an der Vierten, seiner ersten Sinfonie in einer Dur-Tonart. Gut neun Monate später, am 22. November 1874, war das Werk vorläufig vollendet. Während der Beethoven-Bezug seiner vorangegangenen c- und d-Moll-Werke nicht zu überhören ist, lässt sich das Es-Dur der Vierten Sinfonie kaum einfach auf Beethovens «Eroica» beziehen, sondern weit eher auf Roberts Schumanns «Rheinische», und wohl auch auf Wagners *Rheingold*-Vorspiel. Dazu passt der Titel, den Bruckner der Sinfonie – allerdings erst nach deren Abschluss – selbst gegeben hat: «romantisch». So steht es als (späterer?) Zusatz auf den Titelblättern der meisten Quellen, und so nennt Bruckner sie spätestens seit 1876 in seiner Korrespondenz.

Wie die Dritte hat auch die Vierte mehrere einschneidende Revisionen erlebt. Von manchen Zwischenstufen abgesehen, lassen sich zwei Fassungen des Gesamtwerks und drei Fassungen des Finales (1874, 1878, 1880) voneinander unterscheiden, zu denen noch die 1888 entstandene Druckfassung von 1889 tritt (siehe Tabelle C). Ähnlichkeiten mit der Dritten sind auch darin zu sehen, dass ebenso wie dort (und zwar ebenfalls im ersten und im zweiten Satz) einige Passagen vorkommen, die man als Anspielungen auf Wagner hören kann; wie in der Dritten handelt es sich um die enigmatische Akkordfolge der «Schlafharmonien» aus der *Walküre*, und wie dort sind sie aus den späteren Werkstufen weitgehend wieder entfernt worden. Doch nehmen sie in der Vierten viel weniger Raum ein, und zudem sind sie weitaus besser integriert, indem sie – in der Durchführung des Kopfsatzes und in einer Überleitungspassage des langsamen Satzes – engen Kontakt zum Motivsystem der Sinfonie halten. Wenn sie überhaupt Wagner meinen sollten, dann leisten sie das, was Bruckner mit ihnen vielleicht schon in der Dritten bezweckte: Sie sind demonstrativ und nun bruchlos mit dem eigenen Stil verschmolzen.

Wie elaboriert die Vorstellungen waren, die sich der als eher unbelesen geltende Komponist vom «Romantischen» machte, muss der Spekulation überlassen bleiben. Immerhin aber lassen sich Züge eines gleichsam alltagssprachlichen Romantik-Verständnisses erkennen, wenn man die diversen brieflichen Erläuterungen nebeneinanderlegt, zu denen sich Bruckner gerade in Bezug auf dieses Werk ermutigt fühlte. Hinzukommen noch einige nur aus zweiter Hand überlieferte Gesprächsäußerungen, die zwar alles andere als konsistent sind und mitnichten so etwas wie eine geschlossene Programmatik (etwa im Sinne der Sinfonischen Dichtung) darstellen. Doch die auf den Kopfsatz bezogenen Vorstellungen von der Tagesfrühe und dem Hornruf des Rathaus-Türmers, der Vogelstimmen in der Gesangsperiode, der Idee von Gebet, Lied und Ständchen im langsamen Satz und – nun mit Bezug auf das Scherzo der zweiten Fassung – der im Wald versammelten Jagdgesellschaft lassen doch so etwas wie einen zwischen Mittelalternostalgie und Naturidylle changierenden Bilderbogen erkennen, der freilich die im Gesamtwerk nicht minder prominent wahrnehmbare Sphäre des Düsteren und Schauerlichen weitgehend ausspart, also eine zum Verständnis des Ganzen nur bedingte Tauglichkeit aufweist. Wichtiger scheint es, die ambitionierte technische Faktur des Werks zu würdigen.

Sein leise vom Horn vorgetragenes Hauptthema – nicht nur des Kopfsatzes, sondern des ganzen Werks, wie von nun an stets bei Bruckner – scheint direkt dem in der Dritten gefundenen Modell zu folgen: Sein Kopf ist eine melodisch wie rhythmisch überaus markante Gestalt. Zudem aber prägt es nun eine Eigenschaft aus, die für Bruckners Hauptthemen immer charakteristischer werden wird: die Chromatisierung. Bei der ersten Sequenzierung des Kopfmotivs kommt ein skalenfremdes Ces ins Spiel, kurze Zeit darauf ein ebenso die Tonart weitendes Ges. Wie in der Dritten wird die Aufmerksamkeit nach dem Vortrag des Themas zunächst auf ein zweites thematisches Gebilde verschoben (mit der später als charakteristischer «Bruckner-Rhythmus» empfundenen Addition von zwei Vierteln plus anschließender Vierteltriole: 2+3), dem der erste dynamische Ausbruch ins Fortissimo des gesamten Orchesters anvertraut wird (bei Buchstabe A). Dennoch zeigt sich, dass das leise einsetzende Hornruf-Thema in vielfacher Hinsicht von Anfang an die Hauptsache ist: Als Hornruf ist es das exemplarische Klangemblem aller Wald-Romantik schlechthin, und für den Verlauf der Sinfonie stellen die gut wahrnehmbaren Stufen seiner Wiederkehr die entscheidenden Stationen dar. Von ihm aus verzweigt sich zudem ein weitgesponnener Beziehungszauber.

Wie schon die Dritte Sinfonie, so ist nämlich auch die Vierte durch ein dichtes Netz von Motivbeziehungen untergründig zusammengehalten. Die fallende Quinte des Hornruf-Themas prägt nicht nur den Kopf des elegischen Trauermarsch-Themas im langsamen Satz, sondern ebenfalls den Hornruf-Beginn des Scherzos. Die rhythmische Punktierung – das für das Hornruf-Thema letztlich sogar entscheidendere Moment – durchzieht in derart vielen Varianten das Motivmaterial wie auch die Nebenstimmen der anderen Sätze, dass oft die Grenze zwischen dem Beabsichtigten und der nur zufällig sich ergebenden Analogie nicht mehr auszumachen ist. Hinzukommt, dass Bruckner mit diesen einfachen motivischen Grundelementen ein reiches kontrapunktisches Spiel treibt, das ihn als ebenso gelehrigen wie phantasievollen Sechter-Schüler ausweist: ein dichtes Netz von Imitationen, Diminutionen, Augmentationen und Engführungen aller Art durchzieht den Tonsatz, insbesondere in den durchführungsartigen Partien.

Diese Überladenheit hat Bruckner bald selbst als eine entscheidende Schwäche des Werks empfunden. Weil die ursprüngliche Konzeption, wie er schon 1877 erkannte, «durch zu viele *Imitationen* dem Werk schadete, ja oft die besten Stellen der Wirkung beraubte» (Briefe 1, 172), konzentrierte sich seine im Januar 1878 begonnene Revision vor allem auf die Klärung der thematischen Dramaturgie, also auf die Verdeutlichung der Hornruf-Auftritte, die nach dem Prinzip der gesteigerten Wiederkehr den eigentlichen roten Faden des Werkverlaufs zu bilden hatten. In der ersten Fassung war das Thema im Kopfsatz, aber dann auch bereits in der Eingangszone und nicht erst am Ende des Finales, fast omnipräsent, weil es überall leicht einzufügen war. Doch folgte diese Disposition eher dem Grundsatz der vegetativen Wucherung als dem Kalkül einer rationalen Ordnung. Über die verschiedenen Revisionsphasen hinweg lässt sich daher sehr schön beobachten, wie Bruckner nun das Hornruf-Thema teils vermehrte, teils aber auch beschnitt und vor allem vielfach umplazierte. Da sich die subtilen Motivverflechtungen – etwa die aus dem Hornruf abgeleitete Quinte – einerseits und die Dramaturgie der gesteigerten Wiederkehr des Hornruf-Themas andererseits, wie schon in der Dritten, ohne zwingende gegenseitige Abhängigkeit auf verschiedenen Ebenen bewegen, war das ziemlich problemlos zu bewältigen. Am Ende der Arbeit, die vor allem den Kopfsatz um fast 60 Takte kürzte, steht ein enormer Gewinn an Klarheit. Um den Ertrag dieses Läuterungsprozesses zu ermessen, genügt ein Blick auf die letzten Partiturseiten des Kopfsatzes: Aus einer vielstimmig-dichten Engführung der Hornrufe, die einander 1874 noch eher störten als wirklich verstärkten, ist 1878 eine strahlende Demonstration des emblematischen Themas geworden, die das klar hervortretende Unisono der vier Hörner am Ende lediglich durch lapidare Fortissimo-Akkordschläge des gesamten Orchesters stützt. Das hat einen der besten Kenner des Umarbeitungsprozesses zu der trockenen Bemerkung veranlasst, «dass ‹Sinnstiftung› zuweilen reines Handwerk ist» (Thomas Röder in BrHb 2010, 171). Für die endgültige Version des Finalsatzes gilt *cum grano salis* dasselbe.

Insbesondere kann einen das genaue Studium der Umarbeitung des langsamen Satzes die philosophische Kunst des Staunens lehren. Dessen Struktur ist die um diese Zeit für Bruckners Konzept inzwischen typische: A^1-B^1|A^2-B^2|A^3-Coda, wobei die A-Bereiche jedes Mal neu auf der Tonika (hier: c-Moll) ansetzen und beim letzten Mal den Satz auf seinen klanglichen Höhepunkt steigern. In der zweiten Fassung ist der Satz sogar um einen Takt länger als in der ersten (247 anstatt 246 Takte); paradoxerweise wirkt er jedoch weitaus konziser und knapper. Bruckner hatte die beiden Themenbereiche 1874 noch mit zwei verschiedenen Tempi ausgestattet («Andante quasi Allegretto»/«Adagio»), 1878 jedoch diese Differenzierung zugunsten der einheitlichen Geltung des trauermarschartigen Haupttempos aufgegeben. Dafür komponierte er aber die Verlangsamung des B-Themas nun aus, indem er dessen Notenwerte (und damit natürlich auch dessen Taktanzahl) verdoppelte. Das hätte den Satz ins Unermessliche gedehnt, wenn Bruckner nicht diese Maßnahme dadurch kompensiert hätte, dass er beiden B-Teilen eine große Menge ihrer Substanz nahm, die 1874 in durchführungsartigen Fortspinnungen bestanden hatte. Die B-Teile gewinnen mit dieser Reduktion auf ihre reine thematische Darstellung an Klarheit und Plastizität. An den ersten A-B-Durchlauf, also die Exposition des Satzes, hatte Bruckner zudem ursprünglich eine lange Durchführung von sekundärem A-Material angehängt, die er nun 1878 erheblich straffte und außerdem – um der Deutlichkeit willen – mit dem Kopf des A-Themas ausstattete. Der wahrhaft monumentale C-Dur-Höhepunkt des Satzes schließlich, der sich wie immer in diesem Satztypus im letzten Teil (A^3) ereignet, wird in der Fassung von 1878 neu komponiert und entschieden komprimiert, was die fast hemmungslose Überwältigungsdramaturgie der früheren

Version nun gleichsam unter rationale Kontrolle bringt. Entsprechend knapper fällt auch die neue Coda aus. Besticht die erste Fassung durch einen geradezu ungezügelten Reichtum der motivischen wie klanglichen Entfaltung, so ist die spätere das Dokument der souveränen Redaktionsarbeit eines seiner Sache absolut sicheren Könners. Das Resultat ist verblüffend: Auf demselben formalen Grundriss ist im Rahmen derselben Anzahl von Takten und auf der Basis desselben thematischen Materials ein vollständig anderer Satz entstanden.

Wirklich neu hingegen ist 1878 das Scherzo, das 1874 übrigens noch, wie in Bruckners Frühzeit nicht selten, eine eigene Coda hatte. Bruckner komponierte, wie schon in der Ersten Sinfonie, einen alternativen Satz, der in fast allen Zügen anders ist als sein Vorgänger. Kurios ist allerdings, dass die abstrakte Idee erhalten bleibt (die für ein Scherzo in der Beethoven-Tradition freilich typisch ist), gegen das zugrunde liegende Metrum anzukomponieren: Über dem ungeraden 3/4-Takt der ursprünglichen Fassung exponierten die Hörner 1874 ein durch eine Duole begradigtes Thema; in dem neuen Satz von 1878 hingegen spielen sie gegen den nun geraden 2/4-Takt eine Triole, die als Anspielung auf das scherzotypische Dreiermetrum aufzufassen ist. Bruckner hat das hörnergesättigte neue Scherzo – wohl bis heute sein populärster Sinfoniesatz überhaupt – als Bild der «Jagd» bezeichnet (Briefe 1, 179), was sich durchaus in die Bildsphäre des «Romantischen» fügt. Das gilt auf den ersten Blick auch für das umgearbeitete (und rigoros von 616 auf 477 Takte gekürzte) Finale, das Bruckner in einer der Abschriften eigenhändig mit der Überschrift «Volkfest» versah. Während dessen Seitenthema, die Gesangsperiode, leicht an die Sphäre unbeschwerter Feiertagsgeselligkeit denken lässt – wie auch schon das bezaubernde Trio des neuen Scherzo-Satzes, ein auf raffinierte Weise artifizieller Ländler, dessen nostalgischer Ton dann in Mahlers Sinfonik nachklingt –, gibt aber das wuchtige, wenn nicht sogar niederschmetternde Hauptthema des Satzes Rätsel auf. Erste Rezensenten haben es, nachdem es auch in der ansonsten stark veränderten Endversion erhalten blieb, eher als die Beschwörung des «Weltgerichts» empfunden denn als harmloses Festsymbol (Hans Paumgartner in der *Wiener Abendpost*, 23.2.1881).

In der dritten Fassung des Finales, die Bruckner bald schon für nötig hielt, um dem Werk endlich eine Aufführung zu sichern, hat der Tonfall des Feierlich-Düsteren insgesamt sogar noch zugenommen. Wie diese Atmosphäre zu dem Gesamttitel der Sinfonie passt, ist nicht leicht zu sagen – abgesehen davon, dass immerhin der romantisch-emblematische Hornruf jetzt noch deutlicher als schon in den vorausgegangenen Fassungen in strahlender Klangpracht das letzte Wort erhält. Das 1880 komponierte, nun wiederum auf 541 Takte erweiterte neue Finale setzt überraschend anders ein als seine Vorgängerversionen, denn es übernimmt die Coda des «Volksfest»-Satzes nun als Idee für seinen Beginn. Das neue Finale, durch das der 1878 erarbeitete «Volksfest»-Satz aus der Sinfonie verdrängt und damit gleichsam heimatlos geworden ist (er wurde 1981 in einem separaten Band publiziert: NGA, zu IV/2), entfernt zwar den Hornruf aus der «Introitus»-Passage, um ihn für die Schlussgestaltung aufzusparen, zitiert dafür aber deutlich das Hornthema des neuen Scherzos. Zyklische Integration ist, wie man daran sieht, für Bruckner auf durchaus vielfältige Weise zu bewerkstelligen, vor allem aber – im Unterschied zu der mit dem Hauptthema inszenierten Wiederkunftsdramaturgie – keineswegs das Hauptanliegen seiner Sinfonik. Als weiteren Hinweis auf eine zyklische Rückversicherung des neuen Finalsatzes kann man den langen trauermarschartigen c-Moll-Vorspann verstehen (T. 93–104), den nun das Seitenthema als eigentümlichen Zusatz erhält und damit, entgegen seiner ursprünglichen «Volksfest»-Seligkeit, an die Sphäre des elegischen langsamen Satzes angeschlossen wird. Die ursprüngliche dritte Themengruppe wird durch ein geradezu furchterregendes neues b-Moll-Thema ersetzt, das übrigens in der Reprise nicht mehr wiederkehrt. Durchführung und Reprise sind gegenüber den beiden vorigen Fassungen ganz neu konzipiert, und in die Straffungslogik des in der Reprise entfallenden dritten Themas passt, dass auch das Hauptthema am Reprisenbeginn einen nur noch sehr kurzen Auftritt erhält. Wieder zeigt sich, wie bereits mehrfach betont, dass Bruckner je später desto mehr und im Finale zunehmend deutlicher als im Kopfsatz die bei Kitzler gelernte zweiteilige Auffassung der Sonatenform für die dramaturgisch wirkungsvolle Kontraktion von Durchführung und Reprise zu einem geschlossenen Formteil nutzt. Dem jungen Dirigenten Felix Mottl, seinem ehemaligen Schüler, empfahl Bruckner für dessen Aufführung der Sinfonie sogar, im Finalsatz den Reprisenbeginn komplett zu streichen (Briefe 1, 195) – eine Maßnahme, mit der dann der Erstdruck von 1889 tatsächlich Ernst machte. Mottls Dirigat des Werks am 10. Dezember 1881 in Karlsruhe war die erste deutsche Aufführung einer Bruckner-Sinfonie überhaupt. Kurz zuvor, am 20. Februar 1881, hatte sie in Wien ihre Uraufführung unter Hans Richter erlebt. All das bewirkte zwar immer noch nicht den erhofften Durchbruch, war aber doch eine erste spürbare Anerkennung für den mittlerweile auf die 60 zugehenden Komponisten.

Als sich gegen Ende der 1880er Jahre die Möglichkeit zur Publikation abzeichnete, unterzog Bruckner das Werk abermals einer Revision – genauer: Er überließ weitgehend seinem Schüler Ferdinand Löwe die Redaktion des Drucks. Das hat dazu geführt, dass diese Version, die «Fassung 1888» (NGA IV/3), nachdem sie aufgrund der Druckausgabe für die Rezeptionsgeschichte der Sinfonie eine bedeutende Rolle gespielt hatte, im 20. Jahrhundert zunehmend in Misskredit geriet. Heute (nach dem Auffinden der für verschollen gehaltenen Stichvorlage) weiß man jedoch, dass Bruckner diese Version gründlich durchgesehen und offensichtlich auch autorisiert hat. In sie sind, ebenso wie in die als «Fassung 1878/80» bezeichnete Version (NGA IV/2), einige Lesarten eingegangen, die Bruckner schon 1886 dem New Yorker Dirigenten Anton Seidl mitgeteilt hatte. Darüber hinaus jedoch unterscheidet sich die «Fassung 1888» in vielen weiteren Details von derjenigen von 1878/80. Löwe habe, so berichtete Josef Schalk seinem Bruder Franz, das Werk «sehr vortheilhaft und mit Bruckner's Zustimmung uminstrumentiert» (Briefe 2, 12). So wartet die Druckfassung etwa mit einem Instrumentationseffekt auf, den Bruckner in seinen späteren Sinfonien (der Siebten und der Achten) erst nach langem

Zögern, und dann auch nur jeweils einmal auf dem Höhepunkt des Adagio, verwendet hatte: Im Finale wird dessen Hauptthema am Punkt seiner ersten Klangentfaltung wirkungsvoll mit einem Beckenschlag unterstrichen (T. 76); das Becken wird, ganz entgegen Bruckners sonstigen Instrumentationsgepflogenheiten, bis in die Coda hinein eingesetzt. Auch die für die beiden letzten Sätze hinzugefügte Piccoloflöte ist für Bruckner ganz ungewöhnlich. Nur die Basstuba war schon bei der Umarbeitung von 1878 als neues Instrument hinzugekommen: Der Komponist hatte sie kurz zuvor erstmals in der Fünften Sinfonie vorgesehen. Dass das Finale der Druckfassung die Reprise des Hauptthemas unterdrückt und sogleich mit dem Seitenthema einsetzt (was eine eingreifende Änderung seiner harmonischen Anlage erfordert, T. 269 ff.), wurde bereits gesagt. Während diese Maßnahme immerhin auf der Linie des späten Bruckner liegt und von ihm auch schon für die Karlsruher Aufführung unter Mottl vorgeschlagen worden war, ist hingegen eine drastische Kürzung in der ausgeschriebenen *da-capo*-Wiederkehr des Scherzo-Satzes für Bruckner ganz untypisch. Wie bereitwillig also der Komponist diese Version, die 1889 im Druck erschien, absegnete und damit zur Fassung ‹letzter Hand› erhob, bleibt unklar. Es dürfte letztlich wohl doch die 1878/80 von ihm selbst erarbeitete und in den 1880er Jahren mit weiteren Lesarten ergänzte Fassung sein, die für ihn das Werk am besten repräsentierte.

Bis heute ist die «Romantische», deren authentischer Titel dem Verständnis ein breites Dach über einem weitverzweigten Mikrokosmos von naturhafter Idyllik und stilisierter Volkstümlichkeit, aber auch düsterer Pracht und abgründiger Schwermut anbietet, die meistgespielte Bruckner-Sinfonie überhaupt, obwohl sie weit weniger leicht zu verstehen ist, als es den Anschein hat.

Das «kontrapunktische Meisterstück»: Sinfonie Nr. 5 (B-Dur), WAB 105

Seine Fünfte Sinfonie begann Bruckner im Februar 1875, und zwar mit der Skizzierung des Adagio-Satzes; erst danach ging er zur Konzipierung der anderen Sätze in deren regulärer Abfolge über. Ein gutes Jahr später, am 16. Mai 1876, war die erste Niederschrift des Werks beendet. Nachdem Bruckner im August desselben Jahres die Uraufführung von Wagners *Ring des Nibelungen* besucht hatte, begann er seine früheren Sinfonien systematisch einer gründlichen Durchsicht zu unterziehen. Nach der Dritten und der Zweiten kam schließlich auch die gerade erst vollendete Fünfte Sinfonie an die Reihe, mit deren Revision Bruckner sich vom Mai 1877 bis zum Januar 1878 beschäftigte. In diese von ihm nunmehr als gültig erachtete Fassung wurde – erstmals in Bruckners Sinfonik und vielleicht angeregt durch die 1877 uraufgeführte Zweite Sinfonie von Johannes Brahms – als zusätzliches Instrument die Basstuba eingefügt.

Bruckner soll die Fünfte Sinfonie gesprächsweise als sein «kontrapunktisches Meisterstück» bezeichnet haben (Göll.-A. 4/1, 391). Vordergründig scheint sich dies auf die sinnfällige Tatsache zu beziehen, dass vor allem in den Ecksätzen imitatorische Satztechniken eine prominente Rolle spielen. So haben denn auch Bruckners Bewunderer schon früh das Werk als einen Höhepunkt der abendländischen Polyphonie gewertet. Doch könnte der Komponist mit seiner Aussage, wie zu zeigen sein wird, auf etwas ganz anderes gezielt haben. Denn mit Bach oder auch mit dem Kontrapunkt von Wagners *Meistersinger*-Vorspiel, wie oft behauptet wurde, hat die Faktur der Fünften Sinfonie kaum etwas zu tun.

Zunächst einmal setzt das Werk den Ausbau des sinfonischen Gesamtkonzepts systematisch weiter fort. Noch mehr als schon in der Dritten und der Vierten wird hier nun die ganze Sinfonie, nicht nur ihre einzelnen Sätze, von einem dichten Netz motivischer Beziehungen durchzogen, und auch hier wird vor diesem Hintergrund dem Hauptthema des Kopfsatzes die Rolle des Hauptakteurs der Werkdramaturgie zugeteilt. Der Umstand, dass Bruckner die Arbeit mit dem Adagio begann, ist in dieser Hinsicht von großem Interesse: Dessen Thema nämlich setzt mit einem Quintfall ein, der sich in der Tat als Keimzelle fast aller wichtigen Themen des ganzen Werks nachweisen lässt. Auffällig in diesem Zusammenhang ist ferner, dass das Scherzo das thematische Material des Adagio-Satzes, nur leicht variiert, aufnimmt und schon dadurch die Absicht zu extremer zyklischer Geschlossenheit demonstriert. Dass darüber hinaus auch die beiden wichtigsten thematischen Protagonisten des Werks, das Hauptthema und der berühmte Finale-Choral, an ihrem Beginn jeweils den Rahmen einer fallenden Quinte betonen, dürfte aus dieser Kernidee herzuleiten sein. Ein zweites motivisches Element neben dem Quintfall ist die auffällige chromatische Umspielung entweder des Grundtons oder der Quinte eines Themas. Diese zentrale Idee, die den angezielten Ton von oben wie von unten einfasst (also wie ein doppelter Leitton wirkt), wird bereits in der Einleitung zum ersten Satz entwickelt, indem sich die *pizzicato*-Basslinie vom neunten Takt an spannungsvoll auf der Tonumkreisung Ges-F-E-F-Ges festsetzt (die schließlich auch am Schluss des Satzes ab T. 487 eine wichtige Rolle spielen wird). Dass dadurch in der Einleitung der erste Fortissimo-Ausbruch ausgelöst wird, der scharf rhythmisiert in die fanfarenartig aufwärtsschießende Darstellung des Ges-Dur-Dreiklangs führt, bringt ein weiteres Moment ins Spiel: die Harmonik. Die so spektakulär eingeführte Halbtonbeziehung zwischen der Dominante F und der Tonart Ges-Dur ist für die Ecksätze insgesamt konstitutiv. Aber auch als Melodieformel spielt die mit dem doppelten Leitton eingeführte Tonumkreisung für alle Hauptthemen der Ecksätze eine tragende Rolle. Im Hauptthema des Kopfsatzes ist sie das zweite wichtige Element nach dem Quintintervall und sorgt für die eigentümlich chromatische Harmonik dieses B-Dur-Themas, das sich gleich zu Beginn (T. 55–58) eine markante Ausweichung nach Ges-Dur erlaubt. Im Hauptthema des Finales ist sie ebenfalls anwesend, diesmal als chromatische Umspielung des Grundtons B (durch das auffällige Ces: T. 31–33). Am prominentesten jedoch regiert das Element des doppelten Leittons den Choral, der als zusätzlich in das Finale eingeführtes Thema den Vorgang der finalen Steigerung zu steuern hat: In die Schlüsse seiner ersten beiden Zeilen ist es als hervorstechende Melodieformel einer Neapolitaner-Kadenz eingefügt, die zugleich bewirkt, dass die erste Zeile des in Ges-Dur (!) einsetzenden Chorals nicht nach Ces-Dur, sondern nach B-Dur führt. Spätestens hier stellt sich die Ahnung ein, dass die chromatische Manipulation des Chorals – die ihm eine Eigenschaft verleiht, die er mit den Hauptthemen der Ecksätze teilt – etwas mit der von hier aus entfalteten Steigerungsdramaturgie des Werkschlusses zu tun haben muss.

Es gibt noch weitere Dimensionen des Beziehungsreichtums, deren Verfolgung nahezu ins Uferlose führt. So ist etwa die Klangsphäre des *pizzicato*, mit dem die Sinfonie einsetzt, wichtig für weitere formal exponierte Stellen – etwa für den Begleitsatz der Gesangsperiode im Kopfsatz oder für den des Adagio; auch wirkt der Gestus der hymnischen, blechbläsergesättigten Choralintonation, den ebenfalls schon die Einleitung des Werks exponiert, über seine weiteren Entfaltungsstufen hinweg wie eine Vorbereitung auf den eigentlich wichtigen, weil mit einer zentralen Funktion betrauten Choral im Finale. Dass überhaupt die Sinfonie eine – in Bruckners Sinfonik singuläre – langsame Einleitung erhält, dürfte damit zusammenhängen, dass sie die ungewöhnlich vielfältige Materialbasis des Werks präsentieren soll: die chromatische Tonumspielung (T. 9 ff.), den Zusammenprall der Grundtonart bzw. ihrer Dominante mit der Mediante Ges-Dur (T. 15 ff.), den Quintfall als motivisches Kernelement (T. 19). Besonders die letztgenannte Stelle ist interessant, denn hier verbindet sich bereits die motivisch relevante Quinte mit dem Gestus des ebenfalls für den weiteren Verlauf relevanten Choralidioms, und zwar in einer Weise, die bei näherem Hinsehen die Genese dieser Kernidee offenlegt: Die massive Basslinie dieses blechgepanzerten Hymnus (T. 19–21), durch die der nachträgliche Einbau der Basstuba seine erste glänzende Rechtfertigung erfährt, stellt nichts anderes dar als die Dur-Fassung des elegischen Adagio-Hauptthemas, von dem anzunehmen ist, dass es als erste Idee am Ursprung der gesamten Konzeption stand. Nach seiner transponierten Wiederholung bildet es dann, von den Violinen übernommen (T. 31 ff.), das treibende Moment des Übergangs in das Allegro-Hauptthema, vor dessen Eintritt es noch einmal, nun im vollen Glanz der Trompeten, als retardierendes Moment im ursprünglichen Tempo erscheint, das somit das Tempo der langsamen Einleitung mit dem des späteren Adagio-Satzes verknüpft.

Mit dem Hauptthema der Fünften Sinfonie fand Bruckner endgültig jenen Thementypus, der von nun an für seine reife Sinfonik modellhaft sein sollte: Über geheimnisvoll leisem Streicher-Tremolo einsetzend, wird ein rhythmisch prägnanter, chromatisch gefärbter motivischer Kopf sogleich sequenziert und dann in eine mit Abspaltungen und Varianten gespeiste Themenkette überführt, die schließlich, dynamisch zu einem Fortissimo-Ausbruch gesteigert, zur Wiederholung gelangt. Danach verliert es umgehend seine Energie, um dem zweiten Thema, der Gesangsperiode, Raum zu geben. Ein drittes Themenfeld, das vom zweiten die synkopierte Streicherbegleitung übernimmt, sorgt dann wie üblich für eine weitere dynamische Welle der Exposition. Dass diese in Ges-Dur endet, bevor sich im allerletzten Moment das beruhigte Expositionsende doch noch in das hier eigentlich zu erwartende F-Dur wendet, muss als wichtiges Moment des harmonischen Bauplans registriert werden: Nach Ges-Dur war schon die langsame Einleitung ausgebrochen, und nach Ges-Dur hatte auch der chromatische Kopf des Hauptthemas tendiert. Nicht zufällig wird der Ton Ges im dritten Satz dann auch noch das harmonische Scharnier zwischen Scherzo und Trio bilden.

Es sind vor allem die Durchführungsteile der beiden Ecksätze, die Bruckners stolzes Urteil vom «kontrapunktischen Meisterstück» zu rechtfertigen scheinen. Beide sind weit über das für Bruckners Durchführungen übliche Maß hinaus mit allen Finessen aus dem Traditionsbestand des Kontrapunkts ausgestattet: mit Imitationen, Engführungen, Augmentationen und Diminutionen, sukzessiven wie simultanen Kombinationen von *recto-* und *inverso-*Gestalten der Themen. Diese für den Grundplan der Sinfonie entscheidende Idee verfolgt allerdings nicht den Kontrapunkt als Selbstzweck im Sinne einer Demonstration von Meisterschaft (was manchmal vermutet wurde, denn Bruckner bewarb sich um diese Zeit um ein Lektorat an der Wiener Universität), sondern sie benutzt ihn als Mittel zu einem Zweck, den man als Offenlegung der subkutanen Verbundenheit aller prominenten Themen umschreiben kann.

Die Kopfsatz-Durchführung beginnt mit der Zitierung der langsamen Einleitung, aus der sie dann für den weiteren Verlauf zunächst die aufschießende Dreiklangsfanfare übernimmt, um diese zuerst sukzessiv, danach simultan mit dem Allegro-Hauptthema zu verknüpfen. Diese Kombinatorik führt zu einer wachsenden Verdichtung des Satzes, bis aus der Übereinanderschichtung des diminuierten Hauptthemas mit der Einleitungsfanfare, deren Rhythmus sich als treibendes Moment des Satzes erweist, schließlich ein massives Orchester-Unisono hervorgeht, das mit unerwarteter Plötzlichkeit einen leisen Blechbläsersatz freigibt (T. 325 ff.), der sich als choralhafte Metamorphose der *pizzicato*-Begleitung aus der Gesangsperiode entpuppt. Nach einem abermaligen *fff*-Unisono – schroffe Kontraste wie dieser gehören nach wie vor zu Bruckners Gestaltungsprinzipien – erklingt nochmals dieser Begleitsatz, nun wieder im originalen *pizzicato*, und geht in den aus der Einleitung vertrauten Blechbläserchoral (mit der Basstuba als tiefster Stimme) über, dessen Grundlage, wie erwähnt, das Quintfallmotiv aus dem späteren Adagio-Satz ist. Und wie am Ende der Einleitung, so geht auch hier aus der Übernahme dieser Figur durch die Violinen das Allegro-Hauptthema hervor, mit dem in T. 363 die Reprise beginnt. Diese verkürzt – was der Entwicklungslogik von Bruckners Tendenz zur zunehmenden Nivellierung des Repriseneinsatzes folgt – das Hauptthema auf nur mehr 18 Takte (gegenüber 50 Takten in der Exposition). Nach der insgesamt stark gerafften Reprise obliegt nun der Coda die seit der Dritten Sinfonie zum Konzept gehörende Gestaltung der Schlusssteigerung, die sich hier als plakative Überführung des chromatischen Hauptthemas in die reine Diatonik vollzieht. Sie setzt *pp* in T. 453 mit einem Bass-Ostinato ein, das sich als Idee über Bruckners eigene Dritte und «Annullierte» bis zu Beethovens Neunter Sinfonie zurückverfolgen lässt, und bringt den Kopf des Hauptthemas zunächst in vielfacher Wiederholung in Ges-Dur hervor (wohin er ja von Anfang an tendierte); am Ende aber – nach dem Durchgang durch die nochmals aufgerufene Kombinatorik der Durchführung – passt sie ihn umso klarer, deutlich hervortretend in der Trompetenstimme, in den Rahmen des tonikalen B-Dur-Dreiklangs ein. Den letzten Schritt zur grandiosen Vereinfachung des Themas bildet in den Schlusstakten dann die unablässig wiederholte Reduktion auf sein rhythmisches Grundgerüst, sekundiert von der ebenfalls auf ihren bloßen Rhythmus reduzierten Einleitungsfanfare.

In keiner anderen Bruckner-Sinfonie nimmt das Finale das dramaturgische Programm des Kopfsatzes so klar wieder auf wie in der Fünften. Das wird schon daran deutlich, dass es mit derselben Einleitung wie der Kopfsatz beginnt, in die es kleine motivische Anspielungen auf das Folgende wie auch Reminiszenzen an die vorigen Sätze einstreut. Wenn es danach mit den Mitteln des Chorals und der Doppelfuge zwei ehrwürdige Tonsatzmodelle aufruft, scheint es damit den imposanten Kopfsatz sogar noch überbieten zu sollen. Beide, Choral und Fuge, werden in den Dienst der Dramaturgie gestellt und dafür besonders eingerichtet. Der Choral ist als solcher zwar kenntlich durch seine (theoretisch gut textierbare) Vierzeiligkeit und durch sein traditionelles Blechbläserklanggewand. Er wäre aber in vielfacher Hinsicht als Choral gar nicht verwendbar: Seine bereits erwähnten chromatischen Neapolitaner-Kadenzen am Ende der ersten beiden Zeilen erschweren seine Singbarkeit, sein modulierendes Schweifen (vom Beginn in Ges-Dur bis zur Schlusskadenz in F-Dur) beraubt ihn der Geschlossenheit, und seine Metrik verleiht ihm den Charakter hochgradiger Artifizialität: Jede seiner vier Zeilen beginnt auf leichter Zeit in der Mitte eines Takts, und erst durch diese den Taktschwerpunkt aussparende Lücke ist er später mit dem Finale-Hauptthema (und wäre er theoretisch auch mit dem Kopfsatz-Hauptthema) kontrapunktisch kombinierbar, weil diese beiden Themen, wie erwähnt, unmittelbar nach ihrem Einsatz chromatisch ausweichen. Wäre es Bruckner in diesem Sinfonie-Finale lediglich um ein Klangsymbol der Glaubenszuversicht gegangen, wie man manchmal lesen kann, dann hätte er einen besser singbaren, harmonisch und metrisch stabileren Choral erfinden (wo nicht gar einen bereits existierenden zitieren) können.

So aber geht es ganz offensichtlich um eine konstruktive Idee, die den Verlauf des Finalsatzes bestimmt. Dessen Hauptthema, das motivisch mannigfach an dem Beziehungssystem des Werks partizipiert, wird als vierstimmiges Fugato mit traditionellem Quintabstand der Themeneinsätze exponiert; danach folgen wie üblich Gesangsperiode und Schlussgruppe. Nun erst kommt, als das letzte im Werkverlauf neu exponierte Thema, am Ende der Exposition der Choral ins Spiel, dessen Melodie die Durchführung dann sogleich zum Subjekt einer ebenfalls vierstimmigen Fuge erhebt (T. 223 ff.). Die anschließende Kombination von Choralfuge und Finale-Hauptthema erfolgt in drei Steigerungsstufen, die – im Kontext einer Durchführung bemerkenswert – allesamt in der Tonika ansetzen: als Doppelfuge mit vielfältiger Verarbeitung der Themen und ihrer Motivabspaltungen (T. 270 ff.), als Neuansatz mit anschließender Überführung des thematischen Materials in einen langen Dominant-Orgelpunkt (T. 350 ff.) und schließlich als lapidare Übereinanderschichtung der beiden wiederhergestellten Themen in mächtig instrumentierter orchestraler Zweistimmigkeit (T. 374 ff.). Dabei stellt die letzte dieser Stationen, vorbereitet durch den spannungsvollen Dominant-Orgelpunkt, funktional nichts anderes dar als den Einsatz der Reprise, die sich von der Durchführung also nicht durch die Wiederkehr der Tonika, sondern durch die Wucht ihrer konzentrierten Struktur abhebt. Dieser als letzte Steigerungsstufe in die Durchführung integrierte Reprisenbeginn ist nicht nur ein weiterer Beleg für die substantielle Wirksamkeit von Bruckners zweiteiliger Auffassung der Sonatenform, sondern auch ein Indiz für seine klare Tendenz zu Parataxe und Taktgruppenquadratur: Was sich, die Durchführung und die Reprise übergreifend, vordergründig als weit ausholende Doppelfuge inszeniert, ist in Wirklichkeit die architektonisch klar in Gruppen von 80+24+24 Takten gegliederte Entfaltung zweier fugierter Tonsatzmodelle, die von vornherein auf ihre Kombinierbarkeit hin ersonnen sind und – mit dem Effekt einer überwältigenden Steigerung – «wie Versatzstücke» (Hansen 1987, 223) montiert werden.

Nachdem die Durchführung das Finale-Hauptthema und den Choral miteinander kombiniert hatte, unternimmt die Coda dasselbe mit dem Finale-Hauptthema und dem Hauptthema des

Kopfsatzes, das bereits in der dritten Themengruppe der Reprise wieder hervorzutreten beginnt (T. 462 ff.). Die im Lauf der Coda zunehmend sich verdichtende kontrapunktische Verbindung der beiden Ecksatz-Hauptthemen lässt daher nun ein mögliches Resultat nach der Funktionsweise eines Syllogismus erwarten: Wenn, wie sich gezeigt hatte, Finale-Hauptthema und Choral kombinierbar sind, dann muss das, nachdem für die Ecksatzthemen dasselbe zutrifft, schließlich auch für die Kombinierbarkeit von Kopfsatz-Hauptthema und Choral gelten. Tatsächlich wäre dies ohne weiteres möglich, bezeichnenderweise aber kaum ohne regelwidrige Quint- oder Oktavparallelen: Der Choral verbirgt nämlich, wie spätestens jetzt deutlich wird, in den Randtönen seiner Melodie die Kontur des sinfonischen Hauptthemas, das also in ihm stets schon latent anwesend war. Statt daher den am Ende noch einmal in doppelten Notenwerten zitierten Choral mit dem Hauptthema der Sinfonie simultan zu verbinden, lässt Bruckner dieses auf der letzten Partiturseite des Werks, nachdem sein ebenfalls augmentierter Kopf nur kurz in den Schluss des Chorals hineingeklungen ist (*fff* in den Hörnern: T. 596–598), als das Ziel des Satzes aus seiner Verborgenheit hervortreten: dreimal im vollen Glanz der Trompetenstimme und ein letztes viertes Mal im *marcato*-Unisono des gesamten Orchesters – und zwar in der lupenreinen diatonischen Fassung, die es ein erstes Mal bereits am Ende des Kopfsatzes erreicht hatte.

Mit dieser emblematischen Choraldramaturgie, zu der in seltsamer Koinzidenz die Erste Sinfonie von Brahms eine zeitgleiche Parallele bietet, hat Bruckner nicht nur einen bedeutenden Beitrag zur Lösung des sinfonischen «Finale-Problems» geliefert, sondern, wie die weitere Gattungsgeschichte zeigt, selbst wiederum eine nur noch schwer zu überbietende Ausgangssituation geschaffen. Ein veritables «kontrapunktisches Meisterstück» ist die Fünfte Sinfonie insofern, als es Bruckner hier gelungen ist, eine wie in den vorigen Sinfonien zur Wucherung tendierende Motivverzweigung nun mit den Mitteln der bei Sechter gelernten Techniken in einen stringenten sinfonischen Zusammenhang einzubinden und sie damit unter rationale

Kontrolle zu bringen – eine Beglaubigung des Beziehungsreichtums durch den Kontrapunkt, die für Bruckners legitimatorisches Denken überaus bezeichnend ist.

In Wien ist das Werk zu Bruckners Lebzeiten nicht erklungen; außer in einer Fassung für zwei Klaviere (20. April 1887) hat es der Komponist selbst also nie gehört. Der schließlich zustande gekommenen Grazer Aufführung, die sein Schüler Franz Schalk am 9. April 1894 leitete, konnte er aus gesundheitlichen Gründen nicht beiwohnen. Er musste daher allerdings auch nicht zur Kenntnis nehmen, dass es sich hier um eine stark bearbeitete, im Finale sogar geradezu verstümmelte (nämlich um Teile der Durchführung: T. 325–353 und den gesamten ersten Teil der Reprise: T. 374–459 gekürzte) Fassung handelte, die dann auch dem von Bruckner nicht mehr kontrollierten Erstdruck (Wien 1896) zugrunde gelegt wurde. Das Werk ist dem ehemaligen österreichischen Kultusminister Carl von Stremayr gewidmet, dem Bruckner als Dank für das 1875 erlangte Universitätslektorat bereits unmittelbar nach der Vollendung des Werks eine kostbare Dedikationskopie überreicht hatte. Lange Zeit war die Fünfte Sinfonie nur in der korrumpierten Fassung des Erstdrucks bekannt, und bis heute belasten dessen unautorisierte Temporückungen, mit denen etwa die choralartigen Partien systematisch verlangsamt wurden, die Aufführungstradition des Werks, obwohl seine vom Komponisten intendierte Gestalt längst in einer kritischen Ausgabe vorliegt.

Konsolidierung durch Konzentration: Sinfonie Nr. 6 (A-Dur), WAB 106

Die Sechste Sinfonie, mit der Bruckner sich im Spätsommer 1879 zu befassen begann, ist von ihren in rascher Folge entstandenen Vorgängerinnen durch eine längere Pause getrennt. Diese Beobachtung ist keineswegs belanglos, denn in die Zwischenzeit fällt die erste der beiden großen Umarbeitungswellen, die Bruckners sinfonisches Schaffen in alternierende Phasen der Neuschöpfung und der Revision gliedern (siehe Tabelle C). Dass der Sechsten die intensive Beschäftigung mit der Straffung der Dritten und der Vierten Sinfonie vorausging, kommt ihr unmittelbar zugute: Durch diesen heilsamen Abstand von der nicht wiederholbaren Grandiosität der Fünften getrennt, ist sie ein Wunder an Kontrolliertheit und Konzentration geworden. Insofern vollzieht sich in ihr nach dem Kraftakt der Fünften die notwendige Konsolidierung des Konzepts.

Bruckner begann die Partiturniederschrift des ersten Satzes am 24. September 1879; knappe zwei Jahre später, am 3. September 1881, konnte er das Schlussdatum unter das Finale setzen. Zum dritten (und vorletzten) Mal legte er einer Sinfonie eine Dur-Tonart zugrunde. Auch sie – A-Dur – findet sich wie alle vorangegangenen seiner Sinfonie-Tonarten im sinfonischen Œuvre Beethovens. Im November 1877 hatte Bruckner durch seinen Universitätshörer Anton Ölzelt Ritter von Newin eine großzügige Wohnung in dessen Mietshaus an der Wiener Ringstraße zur lebenslangen Verfügung erhalten; ihm und seiner Gattin wurde das Werk, besiegelt mit einer kalligraphischen Dedikationskopie, umgehend nach dem Abschluss gewidmet.

Die gegenüber früher viel knappere Diktion des Werks wurde auch von der Wiener Kritik sogleich bemerkt, obwohl sie nur einen Ausschnitt zu hören bekam: Nachdem am 11. Februar 1883 in einer Philharmoniker-Matinée unter Wilhelm Jahn lediglich die beiden Mittelsätze zur Aufführung gelangt waren, konstatierte Ludwig Benedikt Hahn, der Rezensent der *Presse*, trocken: «Im Ganzen hat der wilde Componist etwas an Zucht gewonnen, aber an Natur verloren» (*Die Presse*, 13.2.1883). In der Tat zeigen die beiden Sätze in der Mitte des Werks dessen Konzentriertheit exemplarisch an. Das Scherzo etwa ist mit seinen 110 Takten das kürzeste in Bruckners gesamter Sinfonik. Geradezu minimalistisch ist sein aus lauter winzigen Motiven zusammengesetztes Trio, in dessen kleingliedrige Taktgruppenmontage als klar erkennbare Anspielung auch das Hauptthema der gerade erst mit Stolz absolvierten Fünften Sinfonie eingefügt wird (T. 5, 15, 41). Diese Art der durch ein Zitat markierten Selbstreflexion kennt man zwar auch schon aus den vorigen Werken. Nur dass dies hier im Trio geschieht, ist ungewöhnlich. Es hat aber einen gewissen Sinn: Insgesamt nämlich ist dieser aus heterogensten Bausteinen montierte kleine Satz so etwas wie eine extreme Demonstration dessen, was Bruckners parataktische Bauweise generell charakterisiert – eine «auf die Bindekraft quadratischer Metrik stärker angewiesene Musik hat er nie geschrieben» (Peter Gülke in BrHb 2010, 190). Nicht nur Eduard Hanslick war diesem für ihn «unerklärlichen» Stück gegenüber «völlig rathlos» (*Neue Freie Presse*, 13.2.1883). Das «sehr feierlich» vorzutragende Adagio hingegen besinnt sich, als ginge es ihm primär um formale Transparenz, auf die Sonatenform als das für diesen Satztypus grundlegende Strukturmodell zurück: Es kombiniert ein weihevolles F-Dur-Hauptthema mit einer schwelgerischen Gesangsperiode zu einer Exposition, die um ein in der Art eines Trauerzugs schreitendes drittes Thema in c-Moll erweitert wird. Nach einer knappen modulierenden Durchführung (T. 69 ff.) gelangen alle drei Themen zu einer Reprise (T. 93 ff.), die sie regelgemäß in die Tonika versetzt. Der tiefgründige Satz lässt also den Grundriss, von dem Bruckner für diesen Satztypus ursprünglich ausgegangen war (siehe Tabelle A), wieder deutlich durchscheinen.

Wie immer bei Bruckner, tragen die beiden aufeinander bezogenen Ecksätze die Hauptlast der dramaturgischen Agenda. Nach der exorbitanten Leistung der Fünften Sinfonie kann dies für Bruckner zunächst nicht anders als schwierig gewesen sein, und die erwähnte lange Pause, die er eintreten ließ, ist wenig verwunderlich. Die Lösung, die er mit der Sechsten gefunden hat, bietet daher einen besonderen Reiz. Werfen wir zunächst einen Blick auf den Kopfsatz. Dessen kurzen «Introitus» bildet eine prägnant rhythmisierte Figur, die sich im Unterschied zu dem hier sonst üblichen Streicher-Tremolo im späteren Satzverlauf (und an einer entscheidenden Stelle des Finalsatzes) als aktionssteigerndes Moment nutzen lässt. Das Hauptthema, das in spannungsvoll lauernder Ruhe einsetzt, ist insofern typisch, als es einen viertaktigen motivischen Kopf sofort sequenziert und danach durch Einlagerung weiterer Motive zu der für Bruckners thematisches Denken charakteristischen «Kette» (Korte 1963, 28) ausgebaut wird, die nach ihrer ersten Vorstellung alsbald auf höchstem dynamischen Niveau – *ff* im vollen Orchester – wiederholt wird. Danach erfährt es, wie immer, einen sofortigen und raschen Abbau und macht der Gesangsperiode Platz. Und wie in Bruckners Gesamtkonzept üblich, breiten sich im Innenleben des Satzes die Motivbestandteile des Themas zu einem Netzwerk aus (so gehen etwa die Vierteltriolen des zweiten Hauptthementakts in den fließenden Begleitsatz der Gesangsperiode ein), während auf der sinnfälligen Ebene der Wiederkunftsdramaturgie nur der Kopf des Themas gebraucht wird. Dieser viertaktige Kopf weist eine Physiognomie auf, die ebenfalls für Bruckners Sinfonie-Hauptthemen bezeichnend ist. Unter ihnen sind in erster Linie der mit einem extrem kurzen (Sechzehntel-)Auftakt versehene, also rhythmisch geschärfte Quintfall und die sofort einsetzende Chromatisierung zu nennen. Während nämlich die Streicher mit der «Introitus»-Figur die Dur-Terz der Tonika markieren, sucht die melodische Kontur des Themas zwei chromatische Nebennoten auf, die ihm eine eigentümlich modale Färbung verleihen: Der Tonika-Grundton A erhält die Nebennote B, der Dominant-Ton E die Wechselnote F. Wie immer bei Bruckner wird der Schlusseffekt der finalen Themenwiederkehr in der Abstreifung dieser Chromatik zugunsten reiner Diatonisierung bestehen.

Die erwähnte Konzentration des Satzes zeigt sich an der umsichtigen Regie, mit der diese Wiederkunftsdramaturgie ins Werk gesetzt wird. Sie führt dazu, dass dieser Kopfsatz nicht nur die ökonomischste Durchführung aller Sinfoniesätze Bruckners aufweist, sondern dass auch die Idee der zunehmenden Verschmelzung von Durchführung und Reprisenbeginn eine weitere Zuspitzung erfährt. Die Proportionen sprechen für sich. Nach einer 14-taktigen Einleitung, die den wie stets in tiefster Ruhe versunkenen Expositionsschluss aufnimmt und dem Satz neue Energie zuzuführen hat, geht die Durchführung sofort mit den bei Bruckner üblichen «kontrapunktischen» Techniken der Umkehrung und der Imitation vor. Das Hauptthema – genauer: sein viertaktiger Kopf – wird zunächst in seiner Inversions-Gestalt (stets gefolgt von enggeführten Imitationen im Bläsersatz) durch sechs Tonarten geführt und dabei kontinuierlich dynamisch gesteigert; das ergibt 24 Takte. Nach einer exakt halb so langen, also zwölftaktigen Zwischenphase, die im plötzlichen Rückgang auf die niedrigste dynamische Stufe den für Bruckner so charakteristischen Neuanlauf darstellt, bricht im Takt 195, nun sekundiert von der rhythmisch prägnanten «Introitus»-Figur, das Hauptthema im vollen Bläsersatz und in originaler Gestalt hervor – allerdings in Es-Dur, also einen Tritonus von der Tonika des Werks entfernt. Was hier mit der Wirkung einer spektakulär inszenierten Reprise eintritt, ist in Wirklichkeit der Durchführungshöhepunkt, der allerdings – darin liegt die Pointe – nach kurzer harmonischer «Korrektur» auf die Wiederholung desselben Ereignisses, nun in A-Dur, zielt (T. 209); und dieser Punkt markiert tatsächlich den Beginn der Reprise. Der Satz zeigt also eine weitere Station auf dem Weg, den man über die Ecksätze der vorigen Sinfonien, vor allem auch über deren inzwischen erarbeitete Neufassungen hinweg studieren kann: Zunehmend tendiert Bruckners zweiteilige Auffassung der Sonatenform zu einer Verschleifung des Reprisenbeginns.

Das Gegengewicht bildet, nach einer stark gerafften Reprise, eine Coda (T. 309 ff.), die zum Farbenprächtigsten gehört, das die romantische Harmonik auf dem Stand der späten 1870er Jahre hervorzubringen vermochte. Wie in einem langsam gedrehten Kaleidoskop wird zunächst der viertaktige Themenkopf, später dann nur noch das abgespaltene Vierteltriolen-Motiv auf der Grundlage meist mediantischer Fortschreitungen in unablässig neue Beleuchtungen gestellt, bis dann am Ende, angetrieben durch das prägnante «Introitus»-Motiv, das auf seinen Kopf reduzierte Thema seinen elegischen Moll-Einschlag endlich ablegen und im Trompetenglanz des reinen diatonischen A-Dur den Schluss des Satzes krönen darf.

Auf eben diesen elegischen Moll-Einschlag aber kommt der Finalsatz zurück und gewinnt aus ihm seinen Beginn; er knüpft damit zugleich an die Tonart des in a-Moll stehenden Scherzos an. Sein leise und fast schattenhaft über dominantischem Streicher-Tremolo einsetzendes Hauptthema exponiert exakt jene beiden Töne, denen das Kopfsatz-Hauptthema seine chromatische Eintrübung verdankte: das F bei der Aufstellung

(T. 3–18), das B bei seiner Wiederholung (T. 19 ff.). Das Thema ist mehr eine gleitende Girlande als eine konturierte Gestalt. Die danach in klarem A-Dur und nun *ff* ausbrechende Blechbläserfanfare (T. 29 ff.) ist dagegen zwar rhythmisch scharf konturiert, aber ebenfalls alles andere als eine prägnante Figur: eigentlich nichts weiter als eine möglichst gestaltarme Fixierung der Tonika A-Dur und ihrer Funktion nach, wie sich zeigen wird, der Platzhalter, für den ganz am Schluss das sinfonische Hauptthema einzutreten hat. Mit diesen beiden Materialkomplexen, der von F und von B aus ansetzenden elegischen Girlande und dem fanfarenhaften A-Dur-Bläsersatz, enthält das Finale-Hauptthema *in abstracto* jene Eigenschaften, die das Kopfsatz-Hauptthema zu konkreter Gestalt vereinigt hatte. Die Gestaltarmut aller thematischen Gebilde dieses Finales, das wie immer bei Bruckner eine Sonatenform mit drei Themengruppen ausprägt, hat Methode: Kaum einmal gelangt eine Bildung über chromatische Windungen hinaus, vor allem aber bleibt es bei einer Vielzahl von immer wieder ins Stocken geratenden Ansätzen. Das wird am deutlichsten in der beim Buchstaben H ansetzenden Schlussgruppe, die durch ein rhythmisch punktiertes Motiv zu einer Bewegung fortgerissen wird, die in der Exposition aber sofort wieder verebbt und erst in der Reprise in einen nachgerade frenetischen Taumel gerät (Buchstaben V–W), der mit großem Effekt auf einem die Coda eröffnenden Doppelpunkt innehält (Buchstabe X).

Das für den Satzcharakter so entscheidende Operieren mit den Mitteln der Retardierung und Beschleunigung führt zu einem für Bruckners Partituren ungewöhnlichen Ausmaß an ausdrücklich vorgeschriebenen Tempowechseln. Deren auffälligste, für die Architektur des Satzes grundlegende sind jene beiden, denen zufolge die gesamte Durchführung (T. 177 ff.) «bedeutend langsamer» zu spielen ist und erst der Einsatz der A-Dur-Fanfare der Blechbläser (T. 245) wieder im «Tempo I^{mo}» erscheint. Dadurch wird ein für die Satzdramaturgie entscheidender Effekt erzielt. Die solchermaßen verlangsamte Durchführung setzt mit dem ersten Thema ein, das in diesem Tempo naturgemäß noch elegischer wirkt als am Beginn der Exposition – vor allem aber erscheint es ungewöhnlicherweise auf derselben Stufe wie dort, also in der Tonika, bevor im weiteren Verlauf der Durchführung die fälligen harmonischen Ausweichungen, melodischen Varianten und kontrapunktischen Kombinationen auftreten. Den A-Dur-Eintritt des «Tempo Imo» in den Blechbläsern nimmt man danach deutlich als Einsatz der Reprise wahr, obwohl – man denke an Bruckners zweiteilige Formauffassung – der gesamte Vorgang vom Beginn der Durchführung bis zum Ende der Hauptthemenreprise strenggenommen die Zusammenfassung mehrerer Formstationen zu einem einzigen Ablauf ist. Der Satz leistet also die bis dahin raffinierteste Verschleifung der beiden Formteile, und diese steht unmittelbar im Dienst der Satzidee. Es gibt bei Bruckner wohl überhaupt keinen weiteren Satz, der so auf den Gestus des Suchens, des Drängens, des Vermeidens thematischer Fixierung, kurz: auf den paradoxen Habitus stabilisierter Vorläufigkeit hin konzipiert ist wie dieses Finale, in dessen Ablauf lediglich die beiden kurzen Auftritte der Gesangsperiode in Exposition und Reprise wie kleine Inseln einer selig blühenden Kantabilität eingelagert sind.

Der ganze Satz zielt auf zwei am Ende eintretende Ereignisse, die das Werk zu seinem überzeugenden Abschluss bringen. Auf dem Höhepunkt der in schier haltlose Bewegung geratenen Schlussgruppe erscheint unverkennbar das prägnante «Introitus»-Motiv des Kopfsatzes wieder (T. 349–356 und T. 367–370): eine klare Ankündigung des nun zu erwartenden Hauptthemas. Die danach auf niedrigstem Energieniveau neu ansetzende Coda (T. 371 ff.) lässt sich damit aber Zeit, denn erst nach vielfacher Wiederholung der bekannten Blechbläserfanfare tritt das sinfonische Hauptthema, natürlich in seiner diatonischen Gestalt, endlich für diesen A-Dur-Platzhalter ein, der damit seine Funktion für den Satzverlauf erfüllt hat. Dieser die gesamte Spannung lösende thematische Schluss umfasst lediglich neun Takte, und er ist anders als im Kopfsatz nicht den strahlenden Trompeten, sondern dem viel dunkleren Posaunensatz anvertraut. Nach der langen, eigentlich den gesamten Satzverlauf ausfüllenden Ankündigungsgestik ist dieser für Bruckners

Verhältnisse geradezu lakonische Schluss von verblüffender Prägnanz.

Mit dieser Dramaturgie stellt der Finalsatz der Sechsten Sinfonie, zweifellos mit Bedacht, das genaue Gegenteil der extrovertierten Fünften dar. Die Erscheinungsvielfalt, die Bruckner seinem sinfonischen Gesamtkonzept abzugewinnen vermochte, ist bewundernswert. So ist denn auch die Sechste Sinfonie mit ihrem scheinbar phantastisch freien, in Wirklichkeit jedoch präzis kalkulierten Finale nicht weniger wirkungsvoll als ihre Geschwister. Der Dirigent der erst nach Bruckners Tod erfolgten Wiener Uraufführung, kein Geringerer als Gustav Mahler, hat das Werk am 26. Februar 1899 im Musikvereinssaal mit einigen Kürzungen und vor allem mit den damals für nötig gehaltenen Instrumentationsretuschen zu Gehör gebracht. Einiges davon ist in den ebenfalls 1899 veranstalteten Druck eingegangen. Das Mittel der (unautorisierten) Blechbläserverstärkung, mit dem der Schluss des Finales einen vom Komponisten so nicht gewollten Überschuss an apotheotischem Sinn gewinnt, hatte schon Franz Schalk bei seiner Grazer Uraufführung der Fünften Sinfonie eingesetzt. Es kann natürlich angesichts der nach langer Ankündigung so überraschend sparsam instrumentierten Themawiederkehr am Ende des Finales der Sechsten umso mehr als Desiderat empfunden werden. Bruckner selbst jedoch hat keinen Änderungsbedarf gesehen, allerdings auch keine Gelegenheit gehabt, den Satz jemals zu hören. Das macht die Rezeption des Werks nicht leicht. Gerade aber die Tatsache, dass das wiederkehrende Thema am Ende der Sechsten Sinfonie nicht in eine triumphale Geste ausbricht, sondern durch die weiche Klangfarbe der Posaunen wie im Halbschatten bleibt, verleiht dem Werk seinen eigentümlich spröden Charme, den man gerade im Blick auf seine werkbiographische Position zu schätzen wissen sollte. Die Konzeption der Sechsten Sinfonie exponiert eine einleuchtende Alternative zu dem nicht wiederholbaren Gesamtverlauf der Fünften, aus deren Schatten herauszutreten wohl nicht einfach war, und Bruckner hat sich mit ihr das Tor zur überzeugenden Fortsetzung seines sinfonischen Wegs geöffnet.

Der Durchbruch zum Erfolg: Sinfonie Nr. 7 (E-Dur), WAB 107

Die mit der Sechsten wiedergewonnene Kontinuität des sinfonischen Schaffens zeigt sich in der Tatsache, dass Bruckner bereits wenige Wochen nach deren Vollendung, am 23. September 1881, mit der Partiturniederschrift der Siebten Sinfonie begann. Der erste Satz, in dessen Ausarbeitung sich neben Revisionen der Linzer Messen von Juli bis Oktober 1882 die Arbeit am Scherzo schob, war am 29. Dezember 1882 abgeschlossen. Am 22. Januar 1883 begann Bruckner mit der Skizzierung des Adagio, dessen Vollendung bis zum 21. April des Jahres dauerte (in seine Ausarbeitung hinein platzte die Nachricht vom unerwarteten Tod Richard Wagners am 13. Februar 1883). Danach folgte im August die Arbeit am Finale; das ganze Werk trägt den Abschlussvermerk «St. Florian 23. Sept. 1883». Die Siebte, mit der Bruckner endlich den langersehnten Durchbruch zu internationaler Anerkennung erzielen sollte, ist seine letzte Dur-Sinfonie und zugleich die einzige, deren Tonart in Beethovens Sinfonik nicht vorkommt.

Mitten in der Arbeit – in den beiden zuletzt komponierten Sätzen Adagio und Finale – vollzog Bruckner eine Erweiterung des Orchesterapparats, die er auch für die folgenden Sinfonien beibehalten sollte: die Einführung der sogenannten «Wagner-Tuben», die er seit der Uraufführung des *Ring des Nibelungen* kannte, für welche sie Wagner eigens hatte anfertigen lassen. Es handelt sich um zwei Tenor- und zwei Basstuben, zu denen noch eine Kontrabasstuba tritt, die nun die Rolle der erstmals in der Fünften und der Sechsten eingesetzten (und auch noch im Kopfsatz und im Scherzo der Siebten vorgesehenen) Basstuba übernimmt. Der volle und warme Klang dieses Tubenchors ist zu einem charakteristischen Merkmal der späten Bruckner-Sinfonien geworden. Die andere, in einem noch späteren Stadium vorgenommene Erweiterung des Instrumentariums betrifft den Einsatz von Becken und Triangel auf dem Höhepunkt des Adagio – auch er eine Neuerung, die für das folgende Werk beibehalten wurde.

Das nach dem üblichen zweitaktigen Tremolo-«Introitus» anhebende Hauptthema des Kopfsatzes (und damit auch, Bruckners Konzept entsprechend, der ganzen Sinfonie) fasziniert durch seine weit ausschwingende melodische Kontur. Doch auch dieses scheinbar ins Unendliche sich verströmende Thema weist die für Bruckner typische rationale Syntax auf, indem ein rhythmisch prägnanter Kopf eine entwickelnde, mit weiteren Motiven angereicherte Fortsetzung erfährt, die das ganze Gebilde als kleinteilig ausgebaute thematische «Kette» (Korte 1963, 31) erscheinen lässt. Und wie immer wird es nach seiner ersten, dynamisch noch verhaltenen Exposition sogleich vom gesamten Apparat wiederholt, zu mächtiger Klangentfaltung gebracht und dann rasch wieder abgebaut. Das wichtigste Charakteristikum des Themas ist die weit ausholende Entfaltung des E-Dur-Dreiklangs, die für den weiteren Verlauf mit den Stationen seiner Wiederkehr entscheidend wird. So wie alle früheren Sinfonie-Hauptthemen verfügt es aber auch über das Merkmal der Chromatik, die seiner leuchtenden Schönheit einen eigentümlich elegischen Zug verleiht. Der unendlich ruhevolle Gestus dieses grandiosen Themas, dessen Kopf der Koppelung von Cello- und Hornstimme sein unverwechselbares Timbre verdankt, hält von vornherein jeden Anflug von dramatischer Erregung aus dem Satz fern. Mehr als sonst bei Bruckner kann also die Dramaturgie der gesteigerten Wiederkehr hier ohne Umwege den Charakter des Hymnisch-Feierlichen erfüllen; nicht zufällig schreibt Bruckner für die Einleitung der Coda (T. 391 ff.) ausdrücklich jenes «Sehr feierlich» vor, das bisher stets dem Adagio vorbehalten war und nun erstmals in einem Kopfsatz begegnet.

Nach der mit ihren üblichen drei Themen überaus klar strukturierten Exposition, die in geradezu pastoraler Friedlichkeit in der Dominant-Tonart H-Dur endet, vollzieht die leise und ruhig einsetzende Durchführung den Weg zur Steigerung des Hauptthemas in zwei deutlich gestuften Phasen. Zuerst erscheint das Thema, wie in Bruckners Durchführungen die Norm, in seiner gespiegelten Form (*inverso*) und in enggeführten Imitationen. Auch die anderen beiden Themengruppen werden, ebenfalls in

Umkehrung, ins Spiel gebracht, so dass also die solchermaßen variierten Gestalten in der einmal exponierten Reihenfolge auftreten. Die zweite Phase (T. 233 ff.) setzt danach mit einem unerwartet heftigen Ausbruch ein, dessen Schroffheit dadurch verstärkt wird, dass das (weiterhin umgekehrte und enggeführte) Thema nun in c-Moll erscheint. Doch kehrt es rasch nicht nur zu seiner ursprünglichen Ruhe zurück, sondern auch zu seinem arkadischen Dur-Charakter. Genau darin besteht die Pointe dieser zweiten Durchführungsphase: Nach dem kurzen dynamischen Ausbruch setzt das Thema leise (*mf*, mit *pp*-Tremolobegleitung) wieder ein und steigt nun Ton für Ton langsam in die Höhe: von c-Moll (T. 249), das einen kurzen A-Dur-Anhang erhält, über d-Moll (T. 261) und Es-Dur (T. 277) bis nach E-Dur (T. 280). Der Moment, an dem das aufsteigende Thema fast unmerklich – allerdings mit dem unverwechselbaren Klangtimbre des Satzbeginns – die Horizontlinie von E-Dur überschreitet, ist zugleich der Einsatz der Reprise. Es ist das letzte Mal in einem Bruckner'schen Sinfonie-Kopfsatz, dass sich diese Formstation klar erkennen lässt. Andererseits hat Bruckner sein Augenmerk ersichtlich gerade darauf gerichtet, sie zu verwischen: Wie als Idee bereits im Kopfsatz der Dritten Sinfonie zu bemerken und wie erstmals im ersten Satz der Sechsten realisiert, ergibt sich in der Siebten der Reprisenbeginn organisch aus den Steigerungswellen der Durchführung, mit denen er letztlich zu einer Einheit verschmilzt. Schon gleich im Finale desselben Werks und erst recht in den Kopfsätzen der folgenden beiden Sinfonien wird dieser letzte Rest formaler Eindeutigkeit verschwunden sein. Konsequent hat Bruckner seinen Weg der kreativen Neudeutung der Sonatenformzweiteiligkeit bis zu diesem Punkt verfolgt. Der Schluss des Satzes kann dann die Wiederkehr des Themas in unablässig wiederholten Dreiklangsbrechungen zelebrieren und sich dabei in großartiger Gelassenheit mit dem bereits im Satzbeginn angelegten langen Atem bis zum dreifachen Forte steigern. Dem Finale bleibt danach nichts übrig, als auf genau denselben Schluss ein zweites Mal zuzusteuern.

Der langsame Satz mit seinem standardisierten Grundriss A^1-B^1|A^2-B^2|A^3-Coda kann als Inbegriff eines Bruckner'schen

Adagio gelten, da aus ihm alle Merkmale dieses Satztypus in Reinform abzuleiten sind. Sein weihevolles cis-Moll-Thema – ähnlich timbriert wie der Beginn des Kopfsatzes, aber nun in der Koppelung von Bratsche und Tuba – ist entgegen dem Anschein melodischer Unendlichkeit ebenfalls als kleingliedrige «Kette» gebaut, aus der Bruckner für die kommenden Steigerungen nach Belieben Teile entnehmen kann. Deren wichtigstes ist das sofort nach dem Themenkopf auftretende, dreimal nachdrücklich vom E zum Gis aufwärts drängende Motiv (T. 4 ff.), das Bruckner im Schlusssatz seines schon vor der Sinfonie begonnenen, aber erst nach ihr abgeschlossenen *Te Deum* mit der Textzeile «non confundar in aeternum» versehen und dort ebenfalls zum Gegenstand eindringlicher Steigerungen gemacht hat. Doch Steigerung in dem genuin sinfonischen Sinn einer Durchführung kann es naturgemäß nur hier, im sinfonischen Satzkontext geben, und diese Möglichkeit nutzt Bruckner mit einer Intensität, die diesem Adagio von Anfang an tiefste Bewunderung eingebracht hat. Die Bereiche des schwermütigen Hauptthemas (T. 1–36) und des singend fließenden Seitenthemas (T. 37–76) werden im zweiten Formteil einer variierten Wiederkehr unterzogen (T. 77–132 und T. 133–156), wobei schon an den Taktmengen zu sehen ist, dass dabei nur das erste Thema eine immense Steigerung erfährt, während das zweite geradezu marginalisiert wird und danach auch keine Rolle mehr spielt. Die abermalige Wiederkehr des Hauptthemas (T. 157 ff.) führt schließlich über eine gigantische Steigerung hinweg zu jenem für Bruckners Adagio-Sätze typischen Höhepunktstopos, an dem aus einem immer dissonanter werdenden Tonsatz wie eine mächtige Entladung das überwältigende Aufstrahlen des nach C-Dur führenden Quartsextakkords hervorgeht (T. 177), auf die notwendig eine lange Beruhigungszone folgen muss. In diese Beruhigungszone hinein, die durch eine simple Rückung von C- nach Des-Dur bereits zur Dur-Variante der Satztonika zurückgeführt hatte, setzt Bruckner nun eine kurze Episode, die nicht nur die Verwendung der «Wagner-Tuben» in überzeugender Weise rechtfertigt, sondern möglicherweise die Idee zu ihrem Einsatz überhaupt hervorgerufen hat: einen aus dem «non confundar»-Motiv abgeleiteten, aber nun in die Düsterkeit der Satztonika cis-Moll versetzten Trauerchoral, mit dem der Komponist nach eigener Aussage auf die erschütternde Nachricht vom Ableben Richard Wagners reagiert. Der über diesem kurzen Choral sich erhebende, noch knappere *fff*-Klageruf der Hörner ist von ergreifendster Wirkung: Die ganze Stelle ist ein Paradigma affektiver Konzentration und zugleich, als in den Verlauf der Coda wie eine Intarsie eingelagertes Gebilde von acht Takten, ein charakteristischer Beleg für die Funktionsweise von Bruckners metrischer Quadratur. In bis ins *ppp* versinkender meditativer Ruhe klingt der Satz in Cis-Dur aus.

Während die ersten drei Sätze, und unter ihnen vor allem auch das meisterlich klar gesetzte Scherzo, dem formalen Verständnis keine Schwierigkeiten bieten, bedeutet das Finale in dieser Hinsicht eine erhebliche Irritation. Für viele Kritiker, die es nicht durchschauten, hat es den Gesamteindruck des rasch populär werdenden Werks getrübt, und bis heute sind Kontroversen über die angemessene Formdeutung nicht abgerissen. Die Schwierigkeiten verringern sich aber sofort, wenn man den ungemein originellen Satz im Kontext der Entwicklung von Bruckners Gesamtkonzept versteht. Das erstaunlich knapp dimensionierte Finale der Siebten Sinfonie ist eine konsequente Fortspinnung der Idee, die sich schon im Schlusssatz der Sechsten erkennen lässt, und es bietet eine noch weiter zugespitzte Lösung der paradoxen Aufgabe, der sich Bruckners Finalsätze generell zu stellen haben: Sie gehen ja anders als der Kopfsatz nicht vom sinfonischen Hauptthema aus, sondern entwickeln sich auf dieses zu. Die Wiedergewinnung des Themas ist also das Ziel auch dieses Satzes, und schon von Anfang an wird dies durch das eigene Hauptthema des Finales klargestellt, dessen Kopf die Kontur des Sinfoniebeginns mit seiner eindrucksvollen Dreiklangsbrechung in eine leicht durchschaubare Verkleidung hüllt. Die üblichen Phasen seiner Exposition – leise Aufstellung, intensivierte Wiederholung und rascher Abbau – vollziehen sich unter Verzicht auf den gewohnten «Introitus» auf dem engen Raum von nur 34 Takten. Dass es danach erst am Ende (und nicht schon am Beginn) der Reprise wieder auftritt (T. 275) –

der Hauptgrund für die erwähnten Irritationen – und damit unmittelbar zur finalen Enthüllung des in ihm verborgenen «eigentlichen» Hauptthemas überleitet, ist eine Folge des dramaturgischen Plans, der hier, mit Konsequenzen für einen gänzlich unorthodoxen Formgrundriss, noch stringenter als sonst umgesetzt wird. Denn noch radikaler als früher macht sich Bruckner hier die Zusammenfassung von Durchführung und Reprise zu einem einzigen großen Formteil zunutze, der keinen distinkten Reprisenbeginn mehr aufweist und zudem dessen wichtige Teilaufgabe, die Wiedergewinnung der Tonika, bereits im elften Takt der Durchführung erledigt hat (T. 155 ff.: E-Dur). Nicht zufällig ist dieses Finale der einzige Sonatensatz in Bruckners gesamtem Œuvre, dessen Expositionsschluss in einer «falschen» Tonart steht (T. 117–144: C-Dur statt der Dominante H-Dur).

Die Schlussgruppe bringt das an dieser Stelle übliche Unisono-Thema, das sich hier als klar erkennbare Ableitung aus dem Finale-Hauptthema erweist. Sein markiger Charakter spitzt sich im Lauf des Satzes bis zu seinem blechgepanzerten Wiederauftritt in der Reprise zu (T. 191), den sich der Komponist im weiteren Verlauf «breit und wuchtig» vorgetragen wünscht (T. 199). Da in der Reprise dieses Thema zuerst und dafür das Finale-Hauptthema, wie erwähnt, erst ganz zuletzt auftritt, hat man es im zweiten Teil des Satzes also mit einer planvollen Umkehrung der Themenreihenfolge zu tun. Als weiteres Thema ist zwischen diese beiden, wie immer, in der Exposition wie in der Reprise eine Gesangsperiode eingelagert, die im vorliegenden Satz deutlich choralartige Züge trägt. Nicht von ungefähr greift hier der von Bruckner ursprünglich nur für das Adagio vorgesehene Klang der «Wagner-Tuben» ein (T. 73 ff.). Erhalten hat sich der Beginn einer später wieder verworfenen Partiturniederschrift, der bis zum Ende des Hauptthemas reicht und noch ohne diese Tuben auskommt; es ist also zu vermuten, dass erst die klangliche Ausgestaltung der Gesangsperiode Bruckner zu der Idee brachte, das neue Instrumentarium des Adagio-Satzes nun auch auf das Finale zu übertragen. Die letzte Partiturseite, die im Prinzip mit derjenigen des Kopfsatzes identisch ist, weist deshalb über diesen hinaus einen enorm verstärkten Blechbläsersatz auf – in perfekter Passung zum generellen Konzept der strahlenden finalen Themenwiederkunft.

Für das Werk konnte Bruckners Schüler Josef Schalk rasch den Gewandhausdirigenten Arthur Nikisch erwärmen, der es in Leipzig am 30. Dezember 1884 in Anwesenheit Bruckners zur erfolgreichen Uraufführung brachte. Schalk und Nikisch waren es auch, die den Komponisten zur Einfügung von Becken und Triangel auf dem Höhepunkt des Adagio (T. 177) überreden konnten, was von Bruckner durch einen in die Partitur nachträglich eingefügten Einlagezettel sanktioniert wurde (vgl. die Abbildung in BrHb 2010, 194). Zum nachhaltigen Durchbruch führte aber erst jene umjubelte Aufführung der Siebten, die Hermann Levi, der Uraufführungsdirigent des *Parsifal*, am 10. März 1885 in München leitete. Bereits am Ende desselben Jahres gelangte die Sinfonie mit einer Widmung an den großen Förderer Richard Wagners, den bayerischen König Ludwig II., in den Druck. Auf eine Aufführung des Werks in Wien hingegen hatte sich der vom Feuilleton der liberalen Presse eingeschüchterte Bruckner von vornherein keine Hoffnung gemacht. Bezeichnend dafür ist sein Brief vom 13. Oktober 1885 an die Philharmoniker, in dem er von einer Wiener Produktion der Siebten Sinfonie sogar abriet – «aus Gründen, die einzig der traurigen *localen Situation* entspringen in Bezug der maßgebenden Kritik, die meinen noch jungen Erfolgen in Deutschland nur hemmend in den Weg treten könnte» (Briefe 1, 275). Gleichwohl wurde die Siebte schließlich doch am 21. März 1886 unter Hans Richter auch in Wien aufgeführt. Der beharrlich skeptische Eduard Hanslick konnte sich zwar nicht enthalten, abschätzig von einer «symphonischen Riesenschlange» zu sprechen (*Neue Freie Presse*, 30.3.1886), aber die Sinfonie wurde zum Publikumserfolg. Sie gelangte im selben Jahr sogar bis nach Chicago, Boston und New York. Parallel dazu trat das 1884 vollendete *Te Deum* seinen Siegeszug durch die Konzertsäle des In- und Auslands an. Bruckner, der mittlerweile die 60 überschritten hatte, war schlagartig zu einem berühmten Mann geworden.

Revision als Umdeutung des Konzepts: Sinfonie Nr. 8 (c-Moll), WAB 108

Von der Siebten Sinfonie durch eine längere Pause getrennt, die hauptsächlich der Vollendung des *Te Deum* diente, begann die Arbeit an der Achten wohl im Juli 1884; jedenfalls war der Kopfsatz an Bruckners 60. Geburtstag, dem 4. September 1884, fertig skizziert. Die übrigen Sätze wurden im folgenden Jahr entworfen. Die Skizze des Finales, die am 27. Juli 1885 begonnen wurde, zeigt am Ende bereits die Idee einer Kombination der Hauptthemen aller vier Sätze und trägt neben dem Schlussdatum den erleichterten Kommentar: «Steyr, Stadtpfarrhof 16. August 1885. A. Bruckner. Halleluja!» Am selben Tag bezeichnete der Komponist in der euphorischen Stimmung des Gelingens dieses Finale in einem Brief an seinen Schüler Franz Schalk als den «bedeutendste[n] Satz meines Lebens» (Briefe 1, 272). Die mit dem Trio und Scherzo begonnene Partiturniederschrift des Werks erstreckte sich über den recht langen Zeitraum vom 25. August 1885 bis zum 10. August 1887. Bereits zwei Tage später, offensichtlich im Schaffensrausch, notierte Bruckner die erste Skizze zu seiner Neunten Sinfonie.

Am 19. September desselben Jahres übersandte der stolze Komponist die fertige Partitur der Achten wohlgemut an Hermann Levi, der zwei Jahre zuvor der Siebten in München zum endgültigen Durchbruch verholfen hatte. Doch ausgerechnet dieser vermeintliche Verbündete stand völlig ratlos vor dem Werk, was er nach längerem Zögern zunächst Josef Schalk, dann dem Komponisten selbst zu gestehen wagte. Vor allem waren es «die große Aehnlichkeit mit der 7ten, das fast Schablonenmäßige der Form», die ihn irritierten (Briefe 2, 21). Die Krise, die diese Reaktion beim Komponisten auslöste, kann man sich kaum schwer genug vorstellen. Der seiner Sache inzwischen sichere Bruckner, der seit der Fünften keine seiner neueren Sinfonien mehr grundlegend überarbeitet hatte und seit dem öffentlichen Erfolg der Siebten zunehmende Anerkennung genoss, sah sich nun plötzlich wieder mit einer Problematik konfrontiert, die er eigentlich längst hinter sich gelassen glaubte.

Damit setzte nun die zweite der beiden großen Umarbeitungswellen in Bruckners Schaffen ein (siehe Tabelle C). Sie richtete sich zunächst aber gar nicht auf die von Levi monierte Achte, sondern auf die Vierte und die Dritte Sinfonie. Die Achte kam erst als dritte Arbeit an die Reihe. Mit ihrer Revision war Bruckner vom Mai 1889 bis zum März 1890 befasst, und sie stellt nichts Geringeres dar als eine vollständige Umdeutung des Konzepts. Diese zweite Fassung gelangte am 18. Dezember 1892 unter Hans Richter in Wien zur Erstaufführung. Noch im selben Jahr erschien sie, mit unautorisierten Eingriffen von Josef Schalk, im Druck und wurde dem österreichischen Kaiser Franz Joseph I. gewidmet, von dem Bruckner im Juli 1886 das Ritterkreuz des Franz-Joseph-Ordens erhalten hatte und der den Druck auch finanzierte.

Die Achte Sinfonie, mit der Bruckner zum c-Moll der eigenen sinfonischen Anfänge zurückkehrt, greift nun wieder in riesige Dimensionen aus. Ihr Finale ist mehr als doppelt so lang wie das der Siebten, und das dürfte unmittelbar mit der durch Umstellung der Mittelsätze veränderten Dramaturgie des Werks zusammenhängen: Die bereits in einer frühen Arbeitsphase erfolgte Verlegung des Adagio auf die dritte Position schiebt die sinfonische Retardierung weiter nach hinten und verlagert damit ein ganz neues Gewicht auf das groß angelegte Finale, dessen üblicher zweitaktiger «Introitus» hier denn auch, förmlich neuen Atem holend, mit einem ebenso ungewöhnlichen wie bezeichnenden Crescendo vom *p* bis zum *ff* einsetzt. Das Instrumentarium des Werks ist gegenüber früher nochmals erweitert: Zu den bereits eingeführten «Wagner-Tuben», die in den Ecksätzen mit einem dritten und vierten Hörnerpaar alternieren, und dem Einsatz von Becken und Triangel im Adagio kommt in eben diesem Adagio, und ebenso im neu komponierten Trio der zweiten Fassung, die bei Bruckner singuläre Harfe in dreifacher Besetzung hinzu – beide Male mit einem das sinfonische Instrumentarium transzendierenden Klangzauber, der wohl nicht von ungefähr an die Erweckung Brünnhildes («Heil dir, Sonne! Heil dir, leuchtender Tag!») im 3. Akt von Wagners *Siegfried* erinnert. Zudem ist in der zweiten Fassung die durchgängige Aufstockung der Holzbläser auf je drei Instrumente vorgesehen. In seiner endgültigen Fassung hat also das Werk eine massive Erweiterung des Apparats erfahren.

Das vordergründig Auffälligste an der späteren Fassung ist, dass ihr Kopfsatz in einer bei Bruckner ganz ungewohnten Trostlosigkeit endet: Die Coda scheint, in völligem Widerspruch zum generisch-systematischen Kopfsatz-Konzept, förmlich in Trauer und Resignation zu versinken. Natürlich aber tut sie gerade dies in der ersten Fassung noch nicht, und damit gelangt man zum Kern des Konzeptionswandels, den Bruckner bei der Revision des Werks vollzogen hat. Um ihn zu verstehen, ist zunächst die Beobachtung festzuhalten, dass zwar alle Sätze erheblich überarbeitet wurden, aber nur zwei von ihnen sich strukturell grundsätzlich verändert haben: der Kopfsatz und das Adagio. Die Revision verlief in der Reihenfolge Adagio, Finale, Scherzo und Kopfsatz; damit stehen die beiden am stärksten veränderten Sätze am Beginn und am Ende der Arbeit.

Der Kopfsatz exponiert in beiden Fassungen ein typisches Bruckner-Hauptthema: nach zweitaktigem Tremolo-«Introitus» leise einsetzend, rhythmisch scharf profiliert, durch Sequenzierung des Themenkopfs fortentwickelt, danach mit weiteren Motiven und deren Varianten zur «Kette» ausgebaut, anschließend als ganzes Gebilde mit der Klangmacht des gesamten Apparats wiederholt und endlich durch motivische Liquidation rasch abgebaut. Erstmals in einem Kopfsatz setzt es aber nicht klar bestimmt in der Tonika ein, sondern wird über einige chromatische Windungen dorthin geführt: Es landet erst am Schluss seines ersten kurzen Motivs auf dem Grundton C (T. 5), den die Begleitung dann zur leeren Quinte ergänzt. Danach setzt es seinen chromatisch schweifenden Gang fort – was allerdings unerheblich ist, denn für die Dramaturgie der gesteigerten Wiederkehr wird wie stets bei Bruckner nur sein Kopf gebraucht, während die weiteren Motive, vor allem die Viertel-Triolen, an die Gesangsperiode und die Schlussgruppe weitergereicht werden und so für den subkutanen motivischen Zusammenhalt sorgen. Die anfangs noch leere Tonika-Quinte des fünften Takts, das ahnt man vielleicht schon hier, kann später nach Bedarf mit der

Moll- oder der Dur-Terz aufgefüllt werden, was beim Übergang vom Expositionsschluss in die Durchführung erstmals programmatisch durchgespielt wird. Und, das gehört ebenfalls zum Konzept, am Ende wird das Thema seine Chromatik abstreifen und in reinem diatonischen C-Dur erstrahlen.

Tatsächlich ist dies in der «Fassung 1887» am Ende des Satzes auch der Fall, und wie immer geht diesem Schlusshöhepunkt die Station des Durchführungshöhepunkts logisch voraus. Dieser aber ist, dem Entwicklungsstand von Bruckners zweiteiliger Formauffassung entsprechend, nun so mit dem Reprisenbeginn verschränkt, dass die Zäsur zwischen beiden Formabschnitten ganz verschwindet: Beim Buchstaben L (in beiden Fassungen) erscheint nach grandioser Steigerung das c-Moll-Thema in doppelter Vergrößerung und füllt daher zehn ganze Takte; dabei wird die in der Exposition noch leer gebliebene Quinte überraschend zum C-Dur-Dreiklang aufgefüllt. In der für Bruckners Durchführungen typischen Manier der Themenwiederkehr wird diese zehntaktige Gruppe sequenziert, so dass sie nun nach Es-Dur zielt (Buchstabe M) und nach abermaliger Sequenzierung schließlich auf G-Dur landet (Buchstabe N). Mit seinen drei Dur-Schlüssen hat das monumentalisierte Thema also zugleich die drei Töne des tonikalen Moll-Dreiklangs abgeschritten. Dass überhaupt mitten in der Durchführung das Hauptthema in der Tonika erscheint, ist uns als Verfahren Bruckners mittlerweile bekannt, und natürlich fügt es sich auch hier in die immer raffinierter werdende Technik der Zäsurverschleifung des zweiten Formteils ein. In beiden Fassungen verfolgt Bruckner dieselbe Strategie, aber mit höchst aufschlussreichen Differenzen: In der «Fassung 1887» setzt sich nach diesem Höhepunkt der Durchführungsprozess noch ein Stück weit fort, geht dann aber in einen bemerkenswerten Abschnitt über, den man erst bei genauer Analyse als präzisen syntaktischen Stellvertreter des hier vorenthaltenen Reprisenbeginns erkennt: Die fünfzehn Takte 293 (Bässe, imitiert von der Trompete) bis 307 entsprechen rhythmisch exakt, melodisch aber stark verändert den fünfzehn Expositionstakten 3–17, so dass sie ab Takt 308 in die passgenaue Identität mit den Expositionstakten 18ff. eingefädelt werden können; damit erreicht die Reprise fast unmerklich den notengetreuen Anschluss an die analoge Stelle der Exposition und kann somit in die Gesangsperiode übergehen. In der «Fassung 1890» ist diese Stellvertretertaktgruppe durch subtile melodische Verfremdung sogar noch unkenntlicher gemacht, erfüllt aber denselben syntaktischen Zweck (T. 283–297 = T. 3–17).

Daher kann auch ein anderes Moment zu dramaturgisch höchst effektiver Geltung kommen: Auf dem durch grandiose Steigerung erreichten, nach beklemmender Zuspitzung wie eine Naturkatastrophe sich entladenden Höhepunkt des Schlussteils (Buchstabe V) wird das Hauptthema auf eine einzige Tonhöhe, auf eine im Blech herausgeschmetterte und am Rhythmus leicht als Derivat des Themas erkennbare Fanfare reduziert; diese bleibt als einsam ertönende Stimme nach der gigantischen letzten Moll-Aufgipfelung im Raum stehen und lässt anschließend nur noch den von den Streichern *pp* gespielten Themenkopf wie einen halb erstickten Klagelaut übrig. In der «Fassung 1887» folgt auf diese ebenso überwältigende wie beklemmende Zuspitzung, in unerhört schroffem Wechsel des Affekts und des Klangregisters (T. 425), die obligatorische Wiederkehr des augmentierten Hauptthemenkopfs, hier nun durch das Mittel der vielfachen Wiederholung seiner Einzelmotive monumentalisiert und mit der ostentativen Auffüllung der vormals leeren Quinte zum C-Dur-Dreiklang (T. 437) – die endgültige Bestätigung dessen, was der Durchführungshöhepunkt bereits angekündigt hatte. Dieser transparente, den Satzverlauf klar strukturierende Weg von der Chromatik zur Diatonik, von c-Moll nach C-Dur ist überwältigend ins Werk gesetzt und erweist sich als der bisherige Glanzpunkt in Bruckners Gesamtkonzept der gesteigerten Wiederkunft. Dagegen belässt es die «Fassung 1890» an dieser Stelle ganz lapidar bei dem resignierten Ende, dessen trostlose Wirkung sie durch instrumentale Schärfung der vorausgehenden Katastrophe noch verstärkt: Der schließende Dur-Ausbruch wird am Ende der Revision ersatzlos entfernt und die leise thematische Klage – einzigartig in Bruckners Œuvre – zum Schluss umgeformt.

Hinter dieser einschneidenden Maßnahme steckt allerdings nicht in erster Linie Bruckner selbst, sondern die Überzeugungskunst seiner Schüler. Sichtlich erfreut teilte Josef Schalk 1890 seinem Bruder mit: «Bruckner ist vorgestern mit der neuen Bearbeitung der VIII. fertig geworden. Der erste Satz schließt nunmehr nach unser aller Wunsch pianissimo» (Leibnitz 1988, 274). Nun erst begegnen in Bruckners Korrespondenz Ansätze einer Rezeptionslenkung, die den Ideengang des ersten Satzes im neuen Licht zu deuten suchen. Unter ihnen sind die Charakterisierungen des nach der Katastrophe auf seinen Rhythmus reduzierten Hauptthemas als «Todesverkündigung» und des stillen Endes als «Ergebung» besonders sprechend; passend dazu heißt es, im Januar 1891 an den Dirigenten Felix Weingartner, über den Werkschluss: «Im *Finale* ist auch der Todtenmarsch u[nd] dann (Blech) Verklärung» (Briefe 2, 114).

In der neuen Fassung von 1890 wird also der triumphale Eintritt der Dur-Tonika für den Werkschluss aufgespart. Durch das ursprüngliche Konzept von 1887 hingegen zieht sich wie ein roter Faden die regelmäßig wiederholte Epiphanie des C-Dur-Dreiklangs. Vor diesem Hintergrund erklärt sich auch die Anlage des überaus komplexen Finales, das als erster Ecksatz in Bruckners Sinfonik die Generalvorschrift «feierlich» tragen darf. Es setzt ebenso wie der Kopfsatz, aber in viel weiteren Dimensionen als dieser, mit einem die Grundtonart aus weiter Entfernung ansteuernden chromatischen Vorgang ein: Sein blechgepanzertes Thema beginnt einen Tritonus von C entfernt mit dem Ton Fis und kadenziert zunächst nach Des-Dur, der Tonart des gerade verklungenen Adagio, sodann nach Es-Dur und nun erst auch nach C (Buchstabe B) – wie im Kopfsatz mit der anfangs noch leeren Quinte, die sich aber schließlich mit dem C-Dur-Dreiklang füllt. Der grandiose Satz hat im Unterschied zu seinen Pendants in den Vorgängerwerken zwar einen klar definierten Repriseneintritt (1887: T. 465/1890: T. 437), ist aber in seiner ausschweifenden, durch die Revision nur leicht gezähmten Phantastik der wohl freieste Sonatensatz in Bruckners Gesamtwerk. Die Durchführung erweist sich als eine über weite Strecken polyphon geführte Phantasie über die Finale-

Themen, und die Reprise ballt sich zu einer gigantischen C-Dur-Entladung (1887: T. 503 ff./1890: T. 475 ff.), die aber nur dem fortgesetzten Durchführungsvorgang neue Energie zuführt und sich vor dem Eintritt der Gesangsperiode in einer gewaltigen Dissonanz staut. Auffällig an der Reprise der Gesangsperiode ist die durch sie bewirkte Paralysierung des Sonatenprozesses, weil sie bis hin zur Beibehaltung ihrer Tonart As-Dur mit der Exposition praktisch identisch ist (1887 vollständig, 1890 leicht gekürzt). Um einen dramatisch inszenierten Spannungs- und Lösungsvorgang geht es dem Satz also erkennbar nicht, sondern um die gelassene Wiedergewinnung der Hauptthematik, die sich im vorliegenden Satz sogar auf alle vier Sätze des Werks bezieht.

Bruckner leitet das durch eine frappierende Themenmetamorphose ein. Am Schluss der Exposition tritt *ff* in den Hörnern der Rhythmus des Kopfsatz-Hauptthemas, also die von Bruckner nachträglich selbst so genannte «Todesverkündigung», erstmals wieder hervor (Buchstaben N bis O), und zwar so mit dem punktierten Rhythmus des Finale-Themas verflochten, dass er aus ihm förmlich herausgesponnen wird. Danach folgt, dynamisch zum *p* herabgestuft, eine vage Reminiszenz an das Adagio (bei Buchstabe P), die ebenfalls aus dem Rhythmus des Finale-Themas gewonnen wird, dann, wieder *f*, der nur angedeutete Kopf des Scherzo-Themas (nach Buchstabe Q) und schließlich *p* das ganze Finale-Hauptthema als Holzbläser-Pastorale, mit der die Exposition, wie stets bei Bruckner, friedlich in regelkonformem Es-Dur schließt (bei Buchstabe R). Was später am Schluss des Satzes in vertikaler Schichtung simultan erfolgen wird, geschieht also hier, am Expositionsende, zunächst sukzessiv in der traditionellen Reihenfolge der vier Sinfoniesätze. Die Krone des Satzes und des ganzen Werks bildet dann am Ende, nachdem sich das Hauptthema in majestätischer Vergrößerung ein letztes Mal wieder in Erinnerung gerufen hat (Buchstabe S), die abschließende Kombination der vier Hauptthemen. Sie will allerdings kein kontrapunktisches Meisterstück darstellen, sondern profitiert einfach von der bei Bruckner üblichen finalen Diatonisierung der Themen, die ihre Konturen im reinen C-Dur-Dreiklang fast verschwinden lässt. Die Idee der

Themenwiederkehr bezeichnete Bruckner in dem zitierten Brief an Weingartner unter Anspielung auf Wagners *Tannhäuser* als «komisch» (Briefe 2, 114) – was immer der Sinn dieser rätselhaften Äußerung sein mag, so wehrt sie doch jedenfalls ein tragisches Selbstverständnis der eigenen c-Moll-Konzeption nachdrücklich ab.

Das im Prinzip exakt wie der entsprechende Satz der Siebten gebaute und wie dort «feierlich» vorzutragende Adagio passt dadurch in dieses Konzept, dass sein überwältigender Höhepunkt, den Bruckner wie schon in der Siebten nun auch hier mit Becken und Triangel unterstreicht, unabhängig von der Satztonart Des-Dur in strahlendes C-Dur ausbricht (1887: T. 269 ff.) und damit in die vom Werkbeginn an ausgelegte Spur einschwenkt. Wenn die spätere Revision der Sinfonie ihre *raison d'être* darin hat, den Triumph der Dur-Tonika bis zum Schluss des Werks aufzusparen, dann ist es logisch, dass dieser Adagio-Höhepunkt in eine andere Tonart verlegt werden musste: Bruckner transponierte ihn nach Es-Dur (1890: T. 239 ff.) und komponierte die vorangehende Steigerung neu. Der Satz, der gewiss zu Bruckners schönsten Kompositionen zählt, funktioniert in beiden Versionen unterschiedlich: 1887 als Bestätigung der durch das Werk gezogenen C-Dur-Linie, in der selbst noch die entfesselt lärmenden (bei der Revision bezeichnenderweise abgeschwächten) Scherzo-Schlüsse ihren Sinn entfalten, 1890 hingegen als Phase der meditativen Versenkung, aus der das Finale mit langem Anlauf erst wieder seine Energie gewinnen muss.

Das ursprüngliche Konzept der Sinfonie ist daher synthetisch-integrativ; das Erreichen von C-Dur ist nicht der Gegenstand eines zähen Kampfs, sondern einer mit Feierlichkeit zelebrierten Gewissheit. Demgegenüber gibt sich die neue Fassung dramatisch-agonal; in ihr wird der Eintritt des schließenden C-Dur zu einem mühsam errungenen sinfonischen Triumph. Zwar möchte man diese zweite Fassung, gerade den Kopfsatz in seiner unerbittlichen Trostlosigkeit, nicht missen – aber man darf es doch bedauern, dass die luzide Konzeption der ersten Version durch sie zum Verschwinden gebracht geworden ist.

Man hat es bei scheinbarer Ähnlichkeit der äußeren Umrisse mit zwei völlig unterschiedlich ausgerichteten Sinngefügen zu tun, für die der Komponist selbst freilich keine Möglichkeit einer friedlichen Koexistenz gesehen hat.

Die zweite Fassung lässt sich auf das geschichtsmächtige, für eine c-Moll-Sinfonie um diese Zeit geradezu verbindliche sinfonische Strukturmodell, auf die Gestaltung des Durchbruchs aus der Nacht zum Licht, so weitgehend ein, dass sie eben daraus ihre Plausibilität gewinnt. Die Nachträglichkeit des für sie ersonnenen Programms, wie Bruckner es Weingartner gegenüber skizzierte, ist evident. Gerade aber wenn man weiß, wie radikal sich die ursprüngliche Idee jeglichem Zugeständnis an diesen bildungsbürgerlichen Archetyp verweigert hatte, wird man die Kenntnis der ersten Fassung als Remedium gegen die allzu glatte Einordnung des späten Bruckner in den Sinfonie-Diskurs der Epoche empfinden. Indem der Komponist bei der Revision den Tonartenplan des Adagio-Satzes änderte und mit dem Schluss des Kopfsatzes einen der Grundbausteine seines bisher gültigen sinfonischen Gesamtkonzepts opferte, passte er die Achte zwar unbestreitbar dem vertrauten Erscheinungsbild einer «Schicksals-Sinfonie» an; man sollte sich aber dadurch über die auch in der Überarbeitung noch spürbare Kraft nicht täuschen lassen, mit der das Werk weiterhin nachdrücklich quer zum Strom der Gattungsgeschichte steht.

Greisen-Avantgardismus: Sinfonie Nr. 9 (d-Moll), WAB 109

Die am 12. August 1887 sofort nach dem Abschluss der Achten begonnene Konzeption der Neunten Sinfonie blieb rasch in der großen Umarbeitungswelle stecken, in der Bruckner nicht weniger als vier seiner zurückliegenden Werke einer grundlegenden Revision unterwarf (siehe Tabelle C). Diese Revisionsarbeit bedeutete mehr als drei Jahre intensiven Nachdenkens über das eigene sinfonische Gesamtkonzept, was auf die Neunte Sinfonie kaum ohne Einfluss geblieben sein dürfte. Erst im Frühjahr 1891 nahm Bruckner die Arbeit an dem neuen Werk wieder auf, und mit dem Datum vom 23. Dezember 1893 – mehr als sechs

Jahre nach der ersten Skizze – wurde der Kopfsatz beendet. Die übrigen Sätze folgten in der seit der Achten für Bruckner gültigen neuen Reihung: von Oktober 1893 bis Februar 1894 das Scherzo, bis zum 30. November 1894 das Adagio. Nach einer längeren Krankheitspause begann Bruckner schließlich am 24. Mai 1895 die Arbeit am Finale, die er aber bereits lange vor seinem Tod (11. Oktober 1896) fast vollständig einstellen musste. Das Werk wurde in seiner vom Komponisten hinterlassenen Dreisätzigkeit am 11. Februar 1903 unter der Leitung von Bruckners Schüler Ferdinand Löwe in Wien uraufgeführt; im selben Jahr erschien auch die von Löwe bearbeitete Druckausgabe.

Die merkwürdige, von der langen Revisionswelle schroff unterbrochene Genese mag erklären, warum die Neunte Sinfonie am Ende von Bruckners Weg Züge der Konsolidierung mit denen einer Neuorientierung tiefsinnig verschränkt. Zwar scheinen allein schon ihre Ordnungszahl wie ihre Tonart den gattungsgeschichtlichen Bezugspunkt eindeutig festzulegen. Doch wird rasch deutlich, dass Beethovens Neunte Sinfonie hier nicht etwa als nachzuahmendes Modell, sondern als Folie der Selbstprofilierung dient – das war schon in Bruckners früheren d-Moll-Sinfonien, der «Annullierten» und der Dritten, so. Nur scheinbar hebt seine Neunte ähnlich an wie Beethovens letzte Sinfonie. Der übliche «Introitus» am Beginn des Kopfsatzes hat eine gänzlich andere Funktion als bei Beethoven, bei dem er als dominantischer Orgelpunkt die Entwicklung des Hauptthemas aus einem schöpferischen motivischen Chaos grundiert. Bei Bruckner hingegen stellt der Beginn des Satzes die Tonart unmissverständlich klar. Zwar ist die Neunte die einzige seiner Sinfonien, in der das Hauptthema nicht gleich zu Beginn, sondern erst nach 62 Takten und sogleich auf höchster dynamischer Stufe (*fff*) eintritt, aber diese Anomalität ist ein untrügliches Indiz für eine fundamentale Neuausrichtung des Konzepts. Der Exposition des Hauptthemas geht nämlich ein (nur oberflächlich mit Beethovens Werkbeginn verwandter) Vorgang voraus, der nicht nur für diesen Satz, sondern für das ganze Werk umfassende Konsequenzen hat. Dem mit «feierlich» und «misterioso» überschriebenen Beginn obliegt, motivisch systematisch gegliedert durch die Einführung zunächst des Sechzehntel-, dann des Achtel- und schließlich des Viertel-Auftakts, die allmähliche Entfaltung des Tonika-Dreiklangs durch die Terz (T. 6) und dann die Quinte (T. 10) von d-Moll. Doch die Ruhe, mit der sich dies vollzieht, zerreißt mit der plötzlich eintretenden Erschütterung des Fundaments durch die jähe Auftrennung des Grundtons D in die Töne Es und Des (T. 19). Dieser Impuls löst eine aufwärtsfahrende Fanfare der Hörner aus, die sich durch die Randtöne des Es-Dur-Dreiklangs bewegt und das harmonische Feld extrem weit öffnet. Die rückhaltlose Entfesselung der harmonischen Zentrifugalkräfte meldet einen geradezu programmatisch zu verstehenden Anspruch an, denn die Technik der «Tonspaltung» (Steinbeck 1993, 54) führt von diesem frühen Moment an die Regie im ganzen Werk.

Das kolossale Hauptthema (T. 63–76), das auf dieser Basis im Unisono des gesamten Orchesters hereinbricht und mit seinem Oktavsturzmotiv die Tonart d-Moll wie in Stein zu meißeln scheint, zieht die Konsequenz aus der eingangs exponierten Tonspaltung, indem seine chromatisch fallende erste Hälfte in bizarrer Weise auf dem tonartfremden Ton Es schließt; seine nach kurzer Generalpause steil wieder aufsteigende zweite Hälfte zielt hingegen auf eine Abschlusskadenz, die aber statt nach d-Moll überraschenderweise nach D-Dur führt. Die durch die Generalpausen-Zäsur betonte Sollbruchstelle nach dem Ton Es wird sich als wesentliches Funktionselement der Satzdramaturgie erweisen: Anders als sonst bei Bruckner wird das Hauptthema als Ganzes überhaupt nur noch ein einziges weiteres Mal zu hören sein, und zwar in seine beiden Teile zerlegt und so über den Satz gestreckt, dass seine Wiederkehr die gesamte Formstruktur absorbiert. In dieser Anlage konvergieren zwei fundamentale Prinzipien Bruckners, die Zweiteiligkeit der Sonatenform und die Dramaturgie der gesteigerten Wiederkunft, zu einem geschlossenen Gebilde von frappierender Plausibilität.

Auf dem Höhepunkt der Durchführung tritt das Hauptthema mit höchstem Kraftaufwand in der Tonika wieder ein (T. 333 ff.) und wird in der für die Themenwiederkehr an dieser Formstelle typischen Manier durch Sequenzierung vervielfacht, bis es, seine charakteristische Tonspaltungs-Zäsur (D–Es) nun ins Große projizierend, bedeutungsvoll in Es-Dur schließt (T. 353 f.). Dass hier nur seine erste Hälfte wiederkehrt, entspricht zwar Bruckners eigener Norm, ist aber, wie sich zeigen wird, Teil einer ganz neuen Dramaturgie. Wenn hingegen die monumentale Wiederkehr des Hauptthemas anschließend in die Fortsetzung der Durchführung übergeht, bis in Takt 421 die Gesangsperiode einsetzt, ist damit klargestellt, dass nun wie schon in der Achten Sinfonie der distinkte Reprisenbeginn endgültig kein formaler Attraktionspunkt mehr ist. Die ganze Durchführung stellt im Prinzip nichts anderes dar als die frei interpretierte (und mit Motivmaterial der anderen Themen angereicherte) Wiederholung des Expositionsbeginns, die im Auftreten des d-Moll-Hauptthemas ihr eigentliches Ziel findet, und die hier noch fehlende zweite Hälfte des Themas erklingt erst am Schluss der Coda. Daher kann man den gesamten Satz ganz lapidar als eine zweimalige Aufstellung des Hauptthemas in gesteigerten Proportionen auffassen, in welche die übrigen Formglieder – Gesangsperiode und Schlussgruppe – so bruchlos eingelagert sind, dass hier die zweiteilig aufgefasste Sonatenform zu ihrer radikalsten Erscheinungsform in Bruckners gesamtem Œuvre gelangt. Denn am Ende des Satzes kehrt nicht etwa wie sonst das diatonisierte Hauptthema wieder, sondern dessen am Durchführungshöhepunkt planvoll vorenthaltene zweite Hälfte. In der Coda beginnt sie sich leise in den Blechbläsern zu melden (T. 532 ff.) und wird dann – mit dem für die Coda üblichen Verfahren der mehrfachen Wiederholung – schließlich bis zum *fff* gesteigert und in eine monumentale Kadenz geführt, die aber nicht wie in der Exposition auf D-Dur zielt, sondern die vom Anfang her wie eine Hypothek auf dem Satz liegenden Zentrifugalkräfte zu integrieren sucht: In den schließlich erreichten Grundton D hinein schmettern die Trompeten unentwegt die aus der Tonspaltung des Beginns hervorgegangene Es-Dur-Fanfare, was zu so scharfen Reibungen führt, dass das Ende nicht im Tonika-Dreiklang (weder in Moll noch in Dur), sondern nur noch in der leeren Quinte auflösbar ist. Zwischen den beiden Extremen der erhofften Versöhnung und der knapp vermiedenen Katastrophe bleibt dies eine Lösung am Rande des Abgrunds.

Mit dem Beginn des Scherzos reißt dieser sogleich wieder auf. Die berühmte Dissonanz, mit welcher der Satz beginnt, ist von der Musiktheorie des frühen 20. Jahrhunderts als «Doppelleittonklang» betitelt worden: Spreizt man den eröffnenden Vierklang auseinander und führt die beiden mittleren Strebetöne ins A, dann ergibt sich auf dem kürzesten Wege der tonikale d-Moll-Dreiklang, der nach 42 spannungsvollen Takten endlich auch eintritt. Es liegt also nichts anderes vor als die rückläufige Version der Tonspaltung, mit der das ganze Werk in seinem 19. Takt begonnen hatte. Das riesig dimensionierte Scherzo ist gleichwohl in seiner satztypischen Sonatenformanlage von mustergültiger Klarheit, und das Trio, das Bruckner nach der Verwerfung einer ursprünglichen Version noch einmal neu komponierte, lässt mit seiner exquisiten Fis-Dur-Klanglichkeit das Echo der ebenfalls von Fis-Dur ausgehenden Gesangsperiode aus dem Kopfsatz nachhallen.

Der in jeder Hinsicht ungeheure Adagio-Satz, der mit seinem «feierlichen» E-Dur die Tonart der Siebten Sinfonie aufnimmt und an seinem Ende, kaum zufällig, an deren Beginn erinnert, nimmt die symbolische Kraft der Tonspaltungs-Dramaturgie wieder auf und führt sie nun zu einem unüberbietbaren Höhepunkt. Der Kopf seines von den ersten Violinen unbegleitet vorgetragenen Themas umgibt den anfänglichen Dominant-Ton H mit dessen beiden chromatischen Nachbartönen (C und Ais), überträgt also die Aufspaltung des Tons nun in die Melodielinie. Sobald das Thema in den späteren Durchführungsabschnitten mit seiner eigenen Umkehrung kontrapunktiert wird, werden genau diese Töne zu unnachgiebig dissonanter Kollision geführt (vgl. etwa T. 85 ff.). Nachdem schon der Kopfsatz auf der Grundlage des vorfixierten Ordnungsschemas sich ganz neuartig entfaltet, trifft dies auch auf das Adagio zu. Daher ist das vertraute Gerüst A^1-B^1|A^2-B^2|A^3-Coda hier nun mit gänzlich ungewohntem Sinn erfüllt. Die folgenreichste Neuerung besteht darin, den (früher stets unthematischen) Höhepunkt des Satzes demonstrativ mit dem Adagio-Hauptthema auszustatten und dafür den Beginn des A³-Abschnitts, der diese Klimax anzusteuern hat, anders als sonst vom Seitenthema ausgehen zu lassen. Dieses erscheint am Beginn des letzten Teils (bei Buchstabe M) mit einem bei Bruckner geläufigen Verfahren sogleich in doppelter Vergrößerung, wodurch sich (bei Buchstabe N) infolge der ebenfalls vertrauten Technik der Umkehrung zwanglos eine Anspielung auf das «Miserere» aus dem Gloria der eigenen d-Moll-Messe (dort T. 100–103) ergibt. Das dürfte sich einer semantischen Intention verdanken, denn nach diesem so elegant eingeführten Motiv steuert der Satz nun auf einen Höhepunkt zu, der sich nicht wie sonst als Durchbruch ins Licht, sondern als niederschmetternde Katastrophe ereignet. Schon in den A¹- und A²-Abschnitten war das angekündigt worden, denn dort entlädt sich das mit chromatischer melodischer Spannung durchsetzte Hauptthema jeweils in einer gellenden Dissonanz (erstmals: T. 17 ff.), die als Tredezimenakkord das Maximum der in der Funktionsharmonik dieser Epoche möglichen Terzschichtung darstellt und sich der glatten Auflösung hartnäckig verweigert: im ersten Teil durch Wiederholung und Sequenzierung (Buchstaben A und B), im zweiten durch schroffen Abbruch (vor Buchstabe J). Auf dem Satzhöhepunkt, der nach der wohl machtvollsten Steigerungspartie in Bruckners gesamtem Œuvre eintritt (T. 199 ff.), kehrt der Kopf des Adagio-Hauptthemas wieder, dessen chromatische Gestik sich nun einfügt in eine Dissonanz, die alles Bisherige – auch alles bis dahin in der Musik des 19. Jahrhunderts Gehörte – mit einer Maßlosigkeit übersteigt, die den mit elementarer Gewalt hereinbrechenden Höhepunkt zu einem wahren Kataklysmus macht: Der vom Beginn her bekannte, seinerseits schon extreme Tredezimenakkord wird mit Streicherfiguration, mit Vorhalten und mit Durchgängen zu einem grell flimmernden Klangfeld aufgefüllt, das sich, nachdem es über acht quälend lange Takte ausgehalten worden ist, nicht auflöst, sondern einfach abbricht. Die danach notwendige Phase der Beruhigung, in der auch das «Miserere»-Motiv noch einmal anklingt, mündet in einen den geliebten «Wagner-Tuben» und den Hörnern anvertrauten E-Dur-Schlussgesang, der die schockierende Klangchiffre des blanken

Entsetzens mit der inständigen Beschwörung metaphysischer Hoffnung zu versöhnen sucht. Dem hätte dann wohl das Finale die Erfüllung in feierlicher Gewissheit entgegengesetzt.

Als die dafür erforderliche Kraft für Bruckner knapp zu werden begann, soll er seinem Arzt Richard Heller einen Notfallplan anvertraut haben (vgl. Max Auer in Kobald 1924, 26f.). Schon vorher hatte er zeitweilig erwogen, das Werk mit dem zehn Jahre zuvor vollendeten *Te Deum* zu beschließen; es erhielte dadurch ein Chorfinale wie Beethovens Neunte Sinfonie, von der sich Bruckner freilich gerade emanzipiert hatte. Nun beabsichtige er, die fertige Sinfonie «dem lieben Gott» zu widmen; Bruckner verstand dies, so Heller wörtlich, durchaus als eine Art von «Kontrakt», der ihm die Vollendung des Werks ermöglichen sollte. Was ist davon zu halten? Bruckner stilisierte das *Te Deum*, eigentlich ein chorsinfonisches Werk für den Konzertsaal, nachträglich auch sonst gern zu einem privaten Frömmigkeitszeugnis, «welches ich Gott widmete zur Danksagung für so viele überstandene Leiden in Wien», also für den endlichen Durchbruch mit der Siebten Sinfonie (Briefe 1, 259). Das lässt auch seinen späten Plan zur privaten Widmung der Neunten an den «lieben Gott», obwohl nur aus dritter Hand überliefert, als durchaus glaubhaft erscheinen, und ebenso die wenigstens vorübergehende Absicht, die Sinfonie notfalls mit eben diesem Chorwerk zu beenden. Das allerdings ist aus pragmatischen wie aus ästhetischen Gründen kaum umsetzbar, denn es erforderte nicht nur, um der Einheit der Tonart willen, die Transposition des für die hohen Stimmen ohnehin schon strapaziösen Werks um einen Ganzton aufwärts (von C-Dur nach D-Dur), sondern es würde auch einer weit zurückliegenden Stilphase das letzte Wort über eine Sinfonie zusprechen, die längst zu neuen Ufern aufgebrochen war.

Thomas Manns schönes Wort vom «Greisen-Avantgardismus», von ihm eigentlich auf das Alterswerk seines Bruders gemünzt, passt hier so gut wie selten sonst. Der alte Bruckner, der bei abnehmenden Kräften wohl bald schon wusste, dass ihm nicht mehr viel Zeit blieb, ist in dieser Sinfonie von kompromissloser Radikalität, zugleich aber in einer Weise experimentell, als gälte es, die Perspektive eines zum Ende sich neigenden Lebens mit der eines nochmaligen euphorischen Aufbruchs zu vermitteln. Daher ist ihm sein eigenes sinfonisches Gesamtkonzept nur noch ein zwar weiterhin verbindlicher, aber strukturell ganz neu zu durchdenkender Ausgangspunkt. Wie kein anderes Werk Bruckners wagt sich die Neunte Sinfonie an Grenzen heran, von denen die schonungslose Beschwörung der Katastrophe, die klangliche Imagination des schlechthin Erschreckenden die wohl beunruhigendste ist. Für den Abschluss des Werks, an dem Bruckner schließlich scheiterte, ergab sich daraus eine besondere Schwierigkeit. Was nämlich durch den Verlauf der drei Sätze hindurch mit allen technischen Mitteln der avanciertesten Dissonanzbehandlung bis zum kritischen Scheitelpunkt des Adagio gesteigert wird, erlegt notwendigerweise dem Finale eine noch schwerere Bürde auf als sonst schon üblich. Was dieser Satz an weiterer Steigerung und Überhöhung, aber auch an Versöhnung der aufgerissenen Widersprüche geleistet hätte, wird beim Studium des sehr lückenhaften Partiturkonvoluts nur in Umrissen sichtbar: Bruckner greift an der Grenze zwischen Durchführung und Reprise wie schon einmal im Finale der Fünften Sinfonie zum Mittel der Fuge, er spielt mehrfach auf das Eingangsmotiv seines eigenen *Te Deum* an, am Ende der Schlussgruppe wird ein Bläserchoral ins Spiel gebracht, und ein früher Biograph, Max Auer, will auf einem (heute verschollenen) Blatt die Skizzierung einer Themenschichtung wie am Ende der Achten gesehen haben (Auer 1934, 348). Vor allem aber fehlt dem von Bruckner hinterlassenen Konzept die für seine reifen Sinfonien alles entscheidende letzte Phase. Eine affirmative Wiederkehr des Kopfsatz-Hauptthemas, wie sie in den früheren Werken an dieser Stelle zum lang erwarteten Ereignis zu werden pflegte, kann hier schon deshalb keine Lösung bieten, weil dieses Thema bereits im Kopfsatz die bis dahin gültige sinfonische Dramaturgie vollständig verändert hatte. Wie sich der Komponist das Ende seiner Neunten vorgestellt hat, bleibt verborgen. Die Radikalität, mit der das Werk buchstäblich ins Offene führt, ist so zwar keineswegs intendiert gewesen, gehört nun aber, weil es von Bruckner als Torso hinterlassen wurde, zu seinem Charakter unaufhebbar hinzu. Mit den gut gemeinten (und eine legitime Neugier notwendigerweise unzulänglich befriedigenden) Ergänzungsversuchen, die der Finalsatz seither erfahren hat, ist das Dilemma nicht zu lösen.

In der Neunten Sinfonie hat sich die Finsternis, die als Ausdruckssphäre schon über dem Kopfsatz der Achten lag, weiter ausgebreitet. Insofern setzt sie den Weg, den die Umarbeitung der Achten Sinfonie angedeutet hatte, unerbittlich fort. Wenn man ihr Finale – bei Bruckner bisher stets der Ort erfüllter sinfonischer Positivität – schmerzlich vermisst, sollte man sich von den letzten Plänen des Komponisten, die von mehreren Personen durchaus glaubwürdig überliefert worden sind, nicht täuschen lassen: Gerade die Forciertheit der Anfügung des *Te Deum* und seine kalkulierte Widmung an den «lieben Gott», mit denen er das Werk zu retten und den Durchbruch zur machtvollen Affirmation zu erzwingen suchte, legen für den heutigen Hörer den Gedanken nahe, weniger im tiefen Gottvertrauen ihres Urhebers als vielmehr in der für das späte 19. Jahrhundert so charakteristischen Erschütterung weltanschaulicher Gewissheiten den Sinnhorizont von Bruckners später Sinfonik zu sehen.

III. Anmerkung zur Rezeption

Paradoxerweise setzte sich Bruckners Sinfonik im Ausland früher durch als an ihrem Entstehungsort Wien. Den Beginn des eigentlichen internationalen Durchbruchs markierte die Münchner Aufführung der Siebten Sinfonie unter Hermann Levi im März 1885; die Erfolge in Deutschland (erstmals: Vierte unter Felix Mottl in Karlsruhe, 1881) und in den USA (erstmals: Dritte unter Walter Damrosch in New York, 1885) strahlten allmählich auf Wien zurück. Die Dirigenten, die sich früh für Bruckner einsetzten (neben den Genannten auch Hans Richter, Anton Seidl oder Gustav Mahler), stammten nicht zufällig aus der Schule Richard Wagners oder standen ihr zumindest nahe. Dass Bruckner von der «fortschrittlichen» Partei der Wagnerianer beschlagnahmt wurde, weil sich mit ihm ein Sinfoniker gegen den «konservativen» Brahms in Stellung bringen ließ, schadete ihm bei den Kritikern der liberalen Presse um die Meinungsführer Eduard Hanslick und den späteren Brahms-Biographen Max Kalbeck. Das vermeintlich Undomestizierte, Formlose oder gar Chaotische von Bruckners Tonsprache wurde dort als Provokation empfunden. Schon für die Generation Arnold Schönbergs oder gar seiner Schüler hatte sich der ästhetische Parteienstreit allerdings weitgehend erledigt. Dafür begannen sich nach 1900 auf dem Bild Bruckners neue Klischees abzulagern, deren Wirkung sich als äußerst hartnäckig erwiesen hat.

Von Bruckners schwer zugänglicher, durch Abschirmung alles Privaten geradezu «verborgener Persönlichkeit» (Maier 2001) war die ostentative Frömmigkeit die einzige einer voyeuristischen Außenwelt wahrnehmbare Eigenschaft, die sich daher rasch zum Stereotyp des «Musikanten Gottes» (so 1924 der Titel eines erfolgreichen Theaterstücks von Victor Léon und Ernst Decsey) verdichtete. Hatte es für Hanslick noch «ein psychologisches Rätsel» bedeutet, «wie dieser sanfteste und friedfertigste aller Menschen [...] im Moment des Componirens zum Anarchisten wird» (Hanslick 1892, 307), so löste die Bruckner-Rezeption des frühen 20. Jahrhunderts das so geistreich postulierte «Rätsel» billig auf und machte aus dem unangepassten «Anarchisten» den naiven und weltanschaulich auf rührende Weise anachronistischen Prototyp eines gänzlich unreflektierten Komponierens. So hat ihn etwa, mit Wirkung bis in tonangebende Kreise des späten 20. Jahrhunderts hinein, Theodor W. Adorno als atavistisches Gegenbild zu dem modernen Künstlertypus eines Gustav Mahler exponiert, an dem alles, was bei Bruckner eindimensional und undurchdacht erscheine, hintergründig und vielfältig gebrochen sei. Auch hier wieder hat dem daran unschuldigen Bruckner, wie schon im 19. Jahrhundert, eine ideologische Inanspruchnahme geschadet: die nicht ganz geheure Verehrung, die seiner Sinfonik von Nazi-Größen wie Hitler oder Goebbels entgegengebracht wurde. Nach Hitlers Plänen wäre seine eigene Heimatregion Linz zur Welthauptstadt der Bruckner-Pflege ausgebaut geworden – was nur der Ausgang des Kriegs verhindert hat.

Eine 1924 in Angriff genommene erste (die sogenannte Alte) Gesamtausgabe begann sich um die autographen Quellen zu kümmern und brachte in klarer Distanzierung von den Erstdrucken der Sinfonien den Ausdruck «Originalfassungen» in Umlauf, der freilich angesichts mancher Mischfassungen, die der Editionsleiter Robert Haas aus den verschiedenen Versionen einer Sinfonie herstellte, heute mehr als problematisch anmutet. Nachdem der Krieg dem Projekt ein vorzeitiges Ende bereitet hatte, begann 1951 unter der Leitung Leopold Nowaks das (inzwischen abgeschlossene) Unternehmen einer Neuen Gesamtausgabe (NGA), die systematisch nun auch die jeweiligen Erstfassungen erschloss. Als dritte Edition hat kürzlich die «Neue Anton Bruckner Gesamtausgabe» ihre Arbeit aufgenommen.

Auf dieser Grundlage ist Bruckners Sinfonik, in nahezu selbstverständlicher Koexistenz mit derjenigen von Brahms und Mahler, im heutigen Musikleben fest verankert. Dass heißt allerdings keineswegs, dass sie nicht, abseits aller kurrenten Rezeptionsklischees, im eigentlichen Sinne erst noch zu entdecken wäre.

IV. Tabellen

A. Formmodelle der langsamen Sätze in den frühen Sinfonien*

«Studiensinfonie» f-Moll (Satztonika: Es-Dur)

Formteile:	*Exposition*		*Mittelteil*	*Reprise*		*Coda*
Themen:	A^1	B^1	C	A^2	B^2	
Tonart:	Es	B	g	Es	Es	Es
Takt:	1	23	47	69	93	109

Erste Sinfonie c-Moll (Satztonika: As-Dur)

Formteile:	*Exposition*		*Mittelteil*	*Reprise*		*Coda*
Themen:	A^1	B^1	C	A^2	B^2	
Tonart:	As	Es	modul.	As	As	As
Partiturbuchstabe:		(A)	(B)	(E)	(F)	(H)

«Annullierte» Sinfonie d-Moll (Satztonika: B-Dur)

Formteile:	*Exposition*		*Durchführung*		*Reprise*		*Coda*
Themen:	A^1	B^1	A'	B'	A^2	B^2	
Tonart:	B	F	modul.		B	B	B
Takt:	1	27	60/64	84	100	114	150

Zweite Sinfonie c-Moll (Satztonika: As-Dur)

Formteile:	*Exposition*		*Durchführung*		*Reprise*	*Coda*
Themen:	A^1	B^1	A^2	B^2	A^3 (gesteigert)	
Tonart:	As	f	As	b	As	As
Partiturbuchstabe:		(B)	(E)	(G)	(K)	(O)

*) Für die Erste und die Zweite Sinfonie sind statt der Taktzahlen die Partiturbuchstaben angegeben, um eine Orientierung unabhängig von den unterschiedlichen Fassungen zu ermöglichen.

B. Bruckners Arbeitsprozess an den ersten drei Sinfonien:

Nr. 1 c-Moll: Linz, Januar 1865 – April 1866:

Januar 1865: **Finale** (Partitur)
10. März 1865: Skizzierung des **Scherzos,** *Version 1* (davon später nur das **Trio** verwendet)
ca. März–14. April 1865: **Kopfsatz** (Partitur)
25. Mai 1865 (München): **Scherzo,** *Version 1* (Partitur)
23. Januar 1866: **Scherzo,** *Version 2* (Partitur)
27. Januar 1866: Beginn des **Adagio** (Partitur)
14. April 1866: Vollendung des **Adagio** nach nochmaliger Umarbeitung (Partitur)

Nr. 2 d-Moll (später: «annulliert»): Wien, Januar – September 1869:

24. Januar–8. Februar 1869: **Kopfsatz** (Skizze)
18. März 1869: **Trio,** *Version 1* (Entwurf, später nicht verwendet)
28. Juni/1. Juli 1869: **Kopfsatz** (Partitur)
12. Juli–21. August 1869: **Andante** (Partitur)
16. Juli 1869: **Trio,** *Version 2*
19. August 1869: Vollendung des **Finale** (Partitur)
25. August 1869 (Linz): **Scherzo** (Partitur)
12. September 1869: «Symphonie beendet» (Eintrag am Schluss des **Kopfsatzes**)

Nr. 3 c-Moll (später: Nr. 2): Wien, Oktober 1871 – September 1872:

11. Oktober 1871–8. Juli 1872: **Kopfsatz** (Partitur)
16.–18. Juli 1872: **Scherzo und Trio** (Skizze und Partitur)
18./19. Juli 1872: **Adagio** (Skizze)
25. Juli 1872: **Adagio** (Partitur); später (Spätsommer 1872 in St. Florian?): Erweiterung
26. Juli–4. August 1872: **Finale** (Skizze)
10. August–11. September 1872 (St. Florian): **Finale** (Partitur)

C. Bruckners Sinfonien und ihre Fassungen

(1) Januar – Mai/Juli 1863: ***Sinfonie*** **f-Moll** *(«Studiensinfonie»)*

(2) Januar 1865 – April 1866: ***Erste Sinfonie*** **c-Moll, 1. Fassung (= «Fassung 1866»)**, EA: 9. Mai 1868 (Linz, Dir.: Anton Bruckner)

(3) Januar – September 1869: **[ursprünglich *Zweite*] *Sinfonie* d-Moll** *(«Annullierte»)*

(4) Oktober 1871 – September 1872: ***Zweite Sinfonie*** **c-Moll, 1. Fassung (= «Fassung 1872»)**, 1873: leichte Revisionen, EA: 26. Oktober 1873 (Wien, Dir.: Anton Bruckner)

(5) Herbst 1872 – Dezember 1873: ***Dritte Sinfonie*** **d-Moll, 1. Fassung (= «Fassung 1873»)**

(6) Januar – November 1874: ***Vierte Sinfonie*** **Es-Dur, 1. Fassung (= «Fassung 1874»)**

(7) Februar 1875 – Mai 1876: ***Fünfte Sinfonie*** **B-Dur,** Mai 1877 – Januar 1878: Revisionen, EA: 9. April 1894 (Graz, Dir.: Franz Schalk), Druck: 1894 (bearb. von Franz Schalk)

> Februar 1876 – 1877: ***Zweite Sinfonie*** **c-Moll, 2. Fassung (= «Fassung 1877»)**, EA: 26. Februar 1876 (Wien, Dir.: Anton Bruckner), Druck: 1892
>
> 1877: Revision der ***Ersten Sinfonie*** **c-Moll (revidierte 1. Fassung = «Linzer Fassung»)**
>
> Januar – Oktober 1877: ***Dritte Sinfonie*** **d-Moll, 2. Fassung (= «Fassung 1877»)**, EA: 16. Dezember 1877 (Wien, Dir.: Anton Bruckner), Druck: 1879
>
> Oktober 1877 – November 1878: ***Vierte Sinfonie*** **Es-Dur, 2. Fassung (mit dem sogenannten «Volksfest»-Finale)**, November 1879 – Juni 1880: **neues (3.) Finale für die 2. Fassung der *Vierten Sinfonie* (= «Fassung 1878/80»)**, EA: 20. Februar 1881 (Wien, Dir.: Hans Richter)

(8) September 1879 – September 1881: ***Sechste Sinfonie*** **A-Dur**, EA: 11. Februar 1883 (Wien, nur Mittelsätze, Dir.: Wilhelm Jahn), 26. Februar 1899 (Wien, gekürzt, Dir.: Gustav Mahler), 14. März 1901 (Stuttgart, Dir.: Wilhelm Pohlig), Druck: 1899

(9) September 1881 – September 1883: ***Siebte Sinfonie*** **E-Dur**, EA: 30. Dezember 1884 (Leipzig, Dir.: Arthur Nikisch), Druck: 1885

(10) Juli 1884 – August 1887: ***Achte Sinfonie* c-Moll, 1. Fassung** (= «**Fassung 1887**»)

(11 a) 12. August 1887: erste Skizze zur ***Neunten Sinfonie* d-Moll**

1887 – Februar 1888: ***Vierte Sinfonie* Es-Dur, 3. Fassung (Finale: 4. Fassung)**, (= «**Fassung 1888**»), EA: 22. Januar 1888 (Wien, Dir.: Hans Richter), Druck: 1889 (bearb. von Ferdinand Löwe)

März 1888 – März 1889: ***Dritte Sinfonie* d-Moll, 3. Fassung** (= «**Fassung 1889**»), EA: 21. Dezember 1890 (Wien, Dir.: Hans Richter), Druck: 1890

Mai 1889 – März 1890: ***Achte Sinfonie* c-Moll, 2. Fassung** (= «**Fassung 1890**»), EA: 18. Dezember 1892 (Wien, Dir.: Hans Richter), Druck: 1892 (bearb. von Josef Schalk)

März 1890 – April 1891: ***Erste Sinfonie* c-Moll, 2. Fassung** (= «**Wiener Fassung**»), EA: 13. Dezember 1891 (Wien, Dir.: Hans Richter), Druck: 1893

(11 b) April 1891 – November 1894: ***Neunte Sinfonie* d-Moll (Sätze 1–3)**, EA: 11. Februar 1903 (Wien, Dir.: Ferdinand Löwe), Druck: 1903 (bearb. von Ferdinand Löwe), Mai 1895 – August 1896: Arbeit am **Finale der *Neunten Sinfonie***

Die jeweils erste gültige Werkstufe ist linksbündig aufgeführt; die Numerierung entspricht der Abfolge der elf Kapitel im Teil II. des vorliegenden Buchs. Nach rechts eingerückt finden sich die weiteren Fassungen an ihrem zuständigen chronologischen Ort. Angegeben sind ferner auch die Daten der Erstaufführung (EA) und der Drucklegung der jeweiligen Fassung.

Literaturhinweise

1. Werkausgaben, Quellen, Dokumente

Briefe: Anton Bruckner: Briefe 1. 1852–1886. Vorgelegt von Andrea Harrandt unter Berücksichtigung der Vorarbeiten von Otto Schneider (= NGA XXIV/1). Wien 1998 (2., revidierte Ausgabe: Wien 2009); Briefe 2. 1887–1896. Vorgelegt von Andrea Harrandt und Otto Schneider (= NGA XXIV/2). Wien 2003

KStB: Das «Kitzler-Studienbuch». Anton Bruckners Studien in Harmonie- und Instrumentationslehre bei Otto Kitzler (1861–63). Faksimile-Ausgabe nach dem Autograph der Musiksammlung der Österreichischen Nationalbibliothek. Mit einem Essay herausgegeben von Paul Hawkshaw und Erich Wolfgang Partsch (= NGA XXV). Wien 2014

Maier, Elisabeth: Verborgene Persönlichkeit: Anton Bruckner in seinen privaten Aufzeichnungen (= Anton Bruckner. Dokumente und Studien 11). 2 Teile. Wien 2001

NGA: (= Neue Gesamtausgabe:) Anton Bruckner, Sämtliche Werke. Kritische Gesamtausgabe. Hrsg. von der Generaldirektion der Österreichischen Nationalbibliothek und der Internationalen Bruckner-Gesellschaft unter Leitung von Leopold Nowak. Wien 1951 ff.

Neue Anton Bruckner Gesamtausgabe. Editionsleitung: Paul Hawkshaw, Thomas Leibnitz, Andreas Lindner, Angela Pachovsky und Thomas Röder. Wien 2015 ff.

WAB: Renate Grasberger: Werkverzeichnis Anton Bruckner. Tutzing 1977

2. Biographisches

Otto Kitzler: Musikalische Erinnerungen. Brünn 1904

Karl Kobald (Hrsg.): In memoriam Anton Bruckner. Zürich/Wien/Leipzig 1924

Göll.-A.: August Göllerich/Max Auer: Anton Bruckner. Ein Lebens- und Schaffensbild. 4 Bände in 9 Teilbänden (1, 2/1, 2/2, 3/1, 3/2, 4/1, 4/2, 4/3, 4/4). Regensburg 1922–1937 (Reprint: Regensburg 1974)

Max Auer: Bruckner. Sein Leben und Werk. Wien 1934

Renate Grasberger/Erich Wolfgang Partsch: Bruckner – skizziert. Ein Porträt in ausgewählten Erinnerungen und Anekdoten. Wien 1991

3. Handbücher

Anton Bruckner. Ein Handbuch. Für das Anton Bruckner Institut Linz hrsg. von Uwe Harten. Graz 1996

BrHb 2010: Hans-Joachim Hinrichsen (Hrsg.): Bruckner-Handbuch. Stuttgart/Weimar/Kassel 2010

4. Periodika

Internationale Bruckner-Gesellschaft. Studien & Berichte. Mitteilungsblatt 1971 ff.

Bruckner-Jahrbuch. Hrsg. vom Anton Bruckner Institut Linz und der Linzer Veranstaltungsgesellschaft mbh. Linz 1980 ff.

5. Monographien

Christa Brüstle: Anton Bruckner und die Nachwelt. Zur Rezeptionsgeschichte des Komponisten in der ersten Hälfte des 20. Jahrhunderts. Stuttgart 1998

Constantin Floros: Brahms und Bruckner. Studien zur musikalischen Exegetik. Wiesbaden 1980

Dermot Gault: The New Bruckner. Compositional Development and the Dynamics of Revision. Surrey/Burlington 2011

Wolfgang Grandjean: Metrik und Form: Zahlen in den Symphonien von Anton Bruckner (= Publikationen des Instituts für österreichische Musikdokumentation 25). Tutzing 2001

Peter Gülke: Brahms. Bruckner. Zwei Studien. Kassel/Basel 1989

Robert Haas: Anton Bruckner (= Die großen Meister der Musik 3). Potsdam 1934 (Reprint: Laaber 1980)

August Halm: Die Symphonie Anton Bruckners. München [2]1923 [1913]

Mathias Hansen: Anton Bruckner. Leipzig 1987

Eduard Hanslick. Aus dem Tagebuche eines Musikers. Kritiken und Schilderungen. Berlin 1892

Julian Horton: Bruckner's Symphonies. Analysis, Reception and Cultural Politics. Cambridge 2004

Werner F. Korte: Bruckner und Brahms. Die spätromantische Lösung der autonomen Konzeption. Tutzing 1963

Ernst Kurth: Anton Bruckner. 2 Bde. Berlin 1925 (Reprint: Hildesheim 1971)

Thomas Leibnitz: Die Brüder Schalk und Anton Bruckner. Dargestellt an den Nachlassbeständen in der Musiksammlung der Österreichischen Nationalbibliothek. Tutzing 1988

Leopold Nowak: Über Anton Bruckner. Gesammelte Aufsätze 1936–1984. Wien 1985

Claudia Catharina Röthig: Studien zur Systematik des Schaffens von Anton Bruckner auf der Grundlage zeitgenössischer Berichte und autographer Entwürfe. Göttingen 1978

Wolfram Steinbeck: Anton Bruckner. Neunte Symphonie d-Moll (= Meisterwerke der Musik 60). München 1993

Renate Ulm (Hrsg.): Die Symphonien Bruckners. Entstehung, Deutung, Wirkung. München/Kassel 1998

Manfred Wagner: Bruckner. Mainz 1983